잘 계시나요

잘 계시나요

전희훈 지음

바른북스

추천사

참으로 신실하고 귀한 하나님의 사람, 박대훈 목사님을 기리며

―

박명룡 목사(청주 서문교회 담임)

"어머니, 저는 순교할 각오로 목회할 것입니다. 삯군 목자가 되지 않도록 기도해 주세요." 고(故) 박대훈 원로 목사님이 생전에 어머님께 드린 말씀입니다. 박대훈 원로 목사님은 전의교회, 서울 대신교회, 그리고 청주 서문교회에서 담임 목사로 목회를 하시면서 순교자의 각오로 목양을 하신 분입니다. 순교자의 자세로 목회한다는 것은 자신의 모든 것을 다 쏟아붓고 갈아 넣어 최선을 다해서 하나님과 교회와 성도를 섬긴다는 것을 의미할 것입니다. 박대훈 원로 목사님께서는 그렇게 목회하신 분입니다.

목사님께서 후임인 저와 나눈 대화 중에 지금도 뚜렷하게 기억

나는 두 가지가 있습니다. 그중에 하나는, "박 목사님, 나는 서문교회에서 목회할 때 세계 선교를 위해 최선을 다해서 목회했어요"라고 말씀하신 것입니다. 목사님께서는 세계 선교를 위한 남다른 열의를 가지고 계셨습니다. 박대훈 원로 목사님의 선교에 대한 뜨거운 열정으로 인하여, 서문교회는 1997년에 제1기 단기 선교팀을 네팔에 보낸 것을 시작으로 하여, 목사님이 은퇴하실 때까지 제18기 단기 선교팀(30명)을 멕시코로 파송하였으며, 38명의 세계 선교사를 파송 및 후원하였습니다. 이것은 실로 엄청난 선교의 열정과 열매라고 말할 수 있을 것입니다.

목사님과 나눈 대화 중에 또 하나, "원로 목사인 나에게 신경 쓰지 말고 서문교회를 잘 목회하고 성도들을 잘 보살펴 달라"고 조언하시고 부탁하신 말씀이 지금도 생생히 기억납니다. 목사님께서는 후임자인 저를 배려해 주셨고, 또한 우리 서문교회 성도님들에 대한 애정을 가지고 목회하셨음을 알 수 있는 말씀이라고 생각합니다.

박대훈 원로 목사님은 주님의 품에 안기셨지만, 그분의 사랑과 열정은 우리 온 성도들의 마음속에 계속해서 남아 있는 줄 믿습니다. 박대훈 원로 목사님의 사역과 삶을 기리는 마음으로 전숙희 사모님께서 추모 수필집을 내셨습니다. 이 수필집에는 목사님을 향한 사랑과 추억과 삶의 자취가 듬뿍 담겨 있습니다. 바라기는 이 수필집을 통해서, 박대훈 원로 목사님의 사랑과 열정을 기억하고, 전숙희 사모님께는 하나님의 위로가 충만히 임하시길 바랍니다. 끝으로 이 수필집을 읽는 성도님들에게는 하나님의 은혜와 소망이 충만하시길 기도합니다.

2024년 11월

추천사

박대훈 목사님을 추모하며

—

서울신학대학교 명예교수 박영환

박대훈 목사님의 추모 1주년을 맞이하여 되돌아보니 여전히 살아 계신 것처럼… 마음이 울컥합니다. 지금도 밝은 웃음으로 다가오실 것 같은 박 목사님을 그리워하며 추모의 글을 올립니다.

박 목사님은- 하나님 앞에 계신 것처럼 늘 진실하게 사람을 대하셨고, 한 번도 허튼소리를 하신 적이 없었습니다.

박 목사님은- 2017년과 2019년에 있었던 학술여행 중에도 끝까지 밝은 웃음으로 전체를 잘 이끌어 가셨습니다.

박 목사님은- 서문교회의 집회마다 부르시고, 설교가 길어져

서 서울로 못 갈 것 같으면 중간에 내려오라고 하시며 매번 감동을 주셨습니다.

　박 목사님은- 언제나 웃으며 "박 교수가 참 좋다", "어떤 보직을 맡겨도 최선을 다하는 모습이 매우 감동적이다"라고 칭찬과 위로를 따뜻하게 해주셨습니다. 그 칭찬과 위로가 지금도 생수처럼 마음에 흘러내립니다.

　박 목사님! 제게 목사님 같은 분은 처음이었습니다.
　대부분의 목사님은 목회 현장에서 어려움을 만나면 그것을 극복하기 위해 애를 쓰는데, 박 목사님은 흔들리지 않고 언제나 동일하셨습니다. 그래서 앞과 뒤가 다르지 않았던 다윗을 보는 것 같아 존경스러웠습니다.
　박 목사님과 대화를 하면 물 흐르듯이 주제가 흘러가니, 듣는 저의 머리가 시원했습니다. 분명 목사님은 진실하게 대화를 할 수 있는 '예수 그리스도의 참된 종'이었습니다. 그래서 목사님의 삶을 살아가려고 애쓰지만 잘 안되는 것 같습니다. 그저 목사님과 함께했던 긴 시간들에 감사드릴 뿐입니다.
　오직 복음으로 살고, 복음으로 삶을 드러내시다가, 복음으로 천국에 가신 박대훈 목사님!

저를 많이 좋아해 주셔서 감사드립니다. 저도 참 많이 좋아했습니다.
　때로는 아버지처럼 삶의 위로자요, 나침판 같았던 박 목사님! 다시 뵙고 싶습니다. 우리, 천국에서 다시 만나 예전처럼 밝은 웃음과 흠과 티가 없는 대화를 나누고 싶습니다. 그래서 천국에서 다시 만날 날을 고대하고 그리워합니다.

　박대훈 목사님~~!
　참사랑을 알게 해주신 박대훈 목사님~~!
　여전히 그립습니다, 여전히 보고 싶습니다.

2024년 9월 5일

책머리에

전희훈

"죽음은 끝이 아니라 새로운 시작이다

(<요한복음> 14장 2~3절, <요한계시록> 21장)"

나는 20년 전에 친정어머니를 하늘로 보내드리고, 꽤 오랫동안 상실의 늪에서 빠져나오지 못했다. 애통한 마음을 이겨보려고 그때 내가 한 것이 추모의 글을 쓰는 것이었다.

눈물로 사모곡(思母曲)을 쓰고 20년이 지난 후에, 사부곡(思夫曲)을 쓸 줄은 꿈에도 생각지 못했다.

삶과 죽음이 '동전의 양면'처럼 밀착되어 있지만 우리는 자주 잊고 살아간다.

사랑하는 나의 임은 지난해(2023년)에 코로나19 후유증으로 투병하다 하늘로 갔다. 이 참담한 일이 이렇게 갑자기 나에게 닥칠 줄 생각이나 했겠는가? 그러나 '사실'이었다. 갑자기 머릿속이 하얗게 되어 아무 생각도 할 수 없었다.

상실을 겪게 되면 누구나 각자의 방법으로 슬픔을 이겨내려고 노력한다. 나는 이때 20년 전에 그랬던 것처럼 미친 듯이 또 글을 쓰기 시작했다. 사랑하는 사람과 함께했던 일들을 하나하나 떠올리며 비통함을 이겨보려고 몸부림쳤다.

글을 쓰며 새삼 느낀 것은, 나의 임은 일평생 하나님께서 맡겨주신 사명에 신실하게 순종했다는 것이었다.
그리고 하나님은, 내 삶의 구간 구간에 귀한 동행들을 보내주셔서 그 고독한 시간을 통과할 수 있게 해주셨다.

추모의 글을 쓰며 '죽음을 절망이 아닌 소망으로 받아들여야 한다'라는 마음을 갖게 된다. 왜냐하면 죽음은 끝이 아니라 새로운 시작이기 때문이다(〈요한복음〉 14장 2~3절, 〈요한계시록〉 21장, 〈디모데후서〉 4장 6~8절 등). 피조물인 우리는 주권자 되신 하나님의 절대 권위를 인정할 때, 죽음을 두려워하지 않고 천국의 소망을 품을 수 있다.

나는 사랑하는 사람의 목회 사역을 일평생 동안 가장 가까이에서 지켜본 사람이다. 하나님의 은혜가 아니면 한 걸음도 뗄 수 없는 그 길에서 승리한 나의 임이 정말 자랑스럽다. 이제 나도 전능하신 그분께 온전히 순종하는 법을 배우고 싶다. 그래야 가까운 장래에 우리의 본향에서 나의 임을 기쁘게 만나지 않겠는가?

서점에 가면 상실에 관한 책이 무수히 많이 나와 있다. 개중에는 갖가지 사별을 겪은 사람들에게 "어떻게 하면 빨리 슬픔을 이겨낼 수 있을까?" 하고 명쾌하게 답을 주는 교과서 같은 책도 있다.

나도 상실의 시간을 보내며 그동안 전혀 읽을 생각조차 하지 못했던 '애도에 관한 책' 몇 권을 읽어보았다. 지금도 생각나는 문장과 단어가 있어 옮겨본다.

'윤득형' 교수의 〈애도심리 상담 기본교육〉 교재에는 "상실은 극복하는 것이 아니라 겪어내는 것이며 표현되어야 한다"라고 했다. 또 '알렌 휴 콜 주니어'의 저서 《굿모닝(Good Mourning)》에 보면 사별 후 한 달여 기간을 "비탄(Grief)의 시기"라고 부르고 그 이후를 "애도(Mourning)의 기간"이라고 정의하고 있다.

공감이 가는 부분을 나의 글에도 몇 군데 인용했다.

《잘 계시나요》는 상실의 아픔을 이겨내는 데 필요한 안내를 해주는 책이 절대 아니다. 한 목회자의 아내가 사랑하는 사람을 그리워하며 쓴 편지글이라고 하는 것이 더 맞겠다.

추모 수필집의 추천사를 써주신 박명룡 목사님(청주 서문교회 담임)과 추모의 글을 보내주신 박영환 교수님(서울신학대학교 명예교수)께 진심으로 감사드린다. 또 성결교단에서 총회장으로 수고하신 이재완 목사님께도 감사드린다. 이 목사님은 자주 전화를 걸어 기도해 주시며 계속 글을 쓰라고 격려하셨다.

지난 1년 동안 사랑하는 나의 임을 하늘로 보내고 애도의 시간을 보내며 견딜 수 없이 힘들었을 때, 가족과 같은 마음으로 함께해

준 서문교회 교인들에게 진심으로 감사의 마음을 전한다. 그리고 원근 각처에서 사랑으로 섬겨준 동행들에게도 고마운 마음뿐이다.

가족을 잃은 슬픔을 함께 겪으며 이 글을 여러 차례 읽고 또 읽으며 교정을 도와준 두 아우 전명희 목사와 전원국 집사의 노고에 감사한다.

갑자기 사랑하는 아빠를 하늘로 보내드리고 거짓말 같은 사실에 주저앉고 싶었을 텐데, 엄마의 글을 한 편 한 편 읽으며 다듬어 준 두 딸, 지혜와 지인에게 무한한 고마움을 전한다.

막냇동생이 책 출판을 위해 '바른북스' 출판사를 직접 방문했을 때 '김병호' 대표님이 내용을 살펴보고 더 많이 신경 쓰겠다고 했던 말이 큰 힘이 되었다. 이 점 김 대표님께 감사드린다.

내가 생각했던 것보다 더 세밀하게 마무리 교정을 맡아 수고한 '바른북스'의 김재영 주임과 글의 내용에 맞게 책 표지 도안을 위해 수고한 디자인 팀에게 감사를 전한다.

나는 오늘도 사랑하는 나의 임이 있는 하늘나라를 그려본다. 가까운 장래에 나도 갈 곳이니까. 예수 그리스도의 이름으로만 갈 수 있는 우리의 영원한 본향, 천국의 소망을 주신 하나님께 모든 영광을 올려드린다.

나의 길에 동행이 되어준 귀한 분들과 사별의 아픔으로 힘들어

하고 있는 이 땅의 모든 이들에게, 그리고 '오직 예수! 세계 선교! 영혼 구원!'을 위해 평생을 바친 '박대훈 목사'님의 영전에 이 글을 바친다.

2024년 11월

차례

추천사

참으로 신실하고 귀한 하나님의 사람,
박대훈 목사님을 기리며

박대훈 목사님을 추모하며

책머리에

슬프지만 참 아름다웠던 날 1 · 18

슬프지만 참 아름다웠던 날 2 · 23

로뎀나무 아래 멍하니 앉아 있습니다 · 27

나의 문학을 꽃피게 해준 당신 · 32

당신 거짓말했어요(?) · 45

추억이 울고 있습니다 · 49

에벤에셀의 하나님 · 52

고맙습니다 · 59

당신의 뒷모습은 참 푸근했습니다 · 63

절대 거짓말한 것이 아닙니다 · 68

흐린 날은 마음도 회색빛입니다 · 73

당신을 보고 왔어요 · 76

정물 같은 느낌 아시나요? · 80

생일 · 83

당신 없이 맞이하는 첫 번째 성탄절 · 91

참 좋으신 하나님께 · 95

사랑하는 나의 임이여! · 100

천사가 다녀갔어요 · 107

전(煎)이 된 도넛 · 112

순교할 각오로 갑니다 · 116

사모님 거처는 있으신지요? · 124

추억을 공유하다 · 131

목회자는 머리를 기르는 것이 보기에 좋아요 · 135

하나님이 주신 자연의 눈(目)으로 당신을 보는 마지막 밤 · 143

백내장 수술을 하다 · 147

부자가 되었어요 · 153

당신과 함께 하고 싶었던 것들 · 159

아버지 2주기 추도예배를 드리며 · 162

여행을 다녀왔습니다 · 172

참 아름다워라 · 180

내 꿈을 하늘 사다리에 걸어두다 · 186

당신이라면, 그리운 이를 AI로 복원하시겠습니까? · 194

행복한 목회의 주인공이 되세요 · 198

사명! 그리고 소명! 위대한 그 이름, 목사! · 203

슬프지만
참 아름다웠던 날 1

나는 당신이 하늘로 간 후에, 두 달여 동안 거의 두문불출하다가 이번 주에는 세 번이나 외출했어요. 평소에 움직이기 싫어하는 내가 참 대단하지 않은가요?

교인들이 오래전부터 만나자고 했지만 마음이 아직 내키지 않아 모두 거절하자, 곁에서 보던 두 아이가 권사님들 만나서 교제를 나누라고 엄마를 응원하네요.

모 권사님이 레스토랑을 예약한다고 하길래 정중히 사양했지요. 목사님과 함께했던 추억이 눈앞에 어른거린다고 했더니 권사님도 내 마음을 이해했어요.

지금은 그 어디를 가더라도 당신과 나의 추억이 더 선명해질 뿐이지요. 그런데 이상한 것은 마음이 무너지는 강도가 조금 덜 한 곳이 있더라고요. 백화점의 다양한 볼거리 속으로 슬픔의 감정이 분산되기 때문일까요? 백화점은 그래도 안정적으로 느껴져 그곳에서 만나기로 했어요.

두 달여 전만 해도 당신하고 손잡고 윈도쇼핑을 하던 생각이 나서 힘들었지만, 반갑고 그리운 얼굴들을 만나기 위해 용기를 냈어요. 그곳에서 당신이 생전에 그리도 사랑했던 교인들과 반갑게 만났습니다.

모 권사님은 10여 년 전에 사별하였고, 또 한 분은 2년여 전에, 나는 두 달여 전에 참담한 그 일을 겪었지요. 그리고 다른 일행 두 분을 포함해 다섯이 만났어요.

나는 순간, '아~ 이분들이 사별의 아픔을 나보다 먼저 겪은 후, 인생의 지축이 무너져 버린 악몽 같은 시간을 잘 통과하고, 이제 나를 위로하기 위해 자리를 마련했구나'라는 생각이 들어 고맙기 그지없었습니다.

표면적으로 볼 때 혼자가 되어서 참 많이 슬픈 우리의 공통점은, 상실의 아픔을 기도로 이겨내고 있다는 원론적인 생각을 하고 있지만, 내면에는 어쩔 수 없는 인간의 절규가 포함되어 있다는 것을 알 수 있었지요.

물리적인 시간과 전능자에게 전적으로 맡기고 기도해서 얻어지는 영적인 힘이 함께 어우러져야, 약도 없는 상실의 아픔을 이길 수 있을 것만 같았습니다.

고대 로마의 철학자 키케로는 "죽은 사람은 살아 있는 사람의 기억 속에서 살고 있다"라고 말했지요. 나는 이 말에 백 퍼센트 공감합니다. 오늘 우리 대화의 주제는 '박대훈 목사' 당신이었습니다. 그들은 "박 목사님은 하나님이 당신에게 맡겨주신 교인들을 진심으로 사랑했다"라고 이구동성으로 말했지요.

우리의 삶 속에 상대방과 함께했던 추억이 자리하고 있다는 것은 큰 축복입니다. 공유할 이야기가 없어 삭막한 세상에서 이토록 당신을 기억하는 이들이 많으니, 이 말을 듣고 있는 나는 참 복받은 사람이라는 생각을 해봅니다.

그리스도 안에서 함께 아파하고 또 어느 날은 기뻐서 얼싸안으며 이렇게 한세상 사는 것이겠지요.

신앙 안에서 하나가 된 우리를 보고 하나님이 기뻐하실 것 같은 토요일입니다.

식사를 마치고 나오는 길에 식당 앞에 설치된 포토존에서 스티커 사진도 찍었지요. 슬픔의 장벽을 잠시 밀어내고 아름다운 추억이 살짝 고개를 내밀고 있습니다. 우리는 아직 이 땅에서 살기 때문에 오늘은 웃으며 사진을 찍습니다.

그들과 헤어져 집으로 돌아오는 길, 늘 당신 손을 잡고 함께 걸었던 그 길을 이제는 나 혼자 걸어갑니다. 몸도 마음도 슬픔으로 뒤엉켜 버린 내가, 홀로 이 길을 걷고 있네요.

생각을 깊이 하면 너무 슬퍼서 견딜 수가 없지만 조금 전에 만났던 권사님들처럼 나도 어느 날 누군가를 위로할 수 있겠지요? 그런 날이 온다면 진심으로 그들의 손을 잡아주고 싶습니다.

민들레 홀씨가 사방에 퍼져 민들레 텃밭을 이루듯, 당신이 곳곳에 뿌려놓은 그리스도의 사랑이 여기저기서 여름날 소낙비처럼 쏟아지고 있습니다.

어느 날 갑자기 당신을 하늘로 보내고 모든 것을 잃었다고 생각했는데, 교인들의 진심 어린 위로를 받고 집으로 오면서 나의 길에도 동행이 있다는 것을 깨달았습니다. 이제라도 그 사랑을 느꼈으니 다행입니다. 아직도 '주님의 뜻을 모르겠다'고 투정 부리고 있는 나에게 하나님은 권사님들을 통해 큰 위로를 주시네요.

너무도 그리운 당신!

밖에서는 차마 울지 못하고 집에 와서 혼자 흐느낍니다. 당신이 내 곁에 없다는 사실이 아직도 믿기지 않아 기가 막힌다는 말만 반복하고 있습니다.

오늘 만났던 권사님들도 인생의 지축이 흔들리던 그때 이렇게 오열했겠지요? 그들은 꿈에서조차 생각하기도 싫은 사별의 아픔을 어떻게 이겨냈을까요? 그러나 분명한 것은 그날의 참담함을 잘 겪어내고 오늘에 이르렀을 것입니다.

여보!

나도 그럴 수 있겠지요? 하늘을 보니 당신의 온화한 미소가 보이는 듯해요.

그리고 "우리 숙희는 반드시 승리할 수 있어요"라고 속삭여 주는 듯하네요.

슬프지만
참 아름다웠던 날 2

가까운 사람들과 공통의 주제로 나눌 이야기가 있다는 것은 축복입니다. 나는 오늘 당신 때문에 그 귀한 복을 누렸습니다.

H 권사님이 E 권사님과 K 권사님 그리고, 나와 S 사모를 초대했어요. 오늘 우리가 오랜만에 만나서 나눈 이야기는 '당신!'이었습니다.

곁에 계실 때는 몰랐는데 돌아가시고 나니까 목사님께 "사랑합니다. 그리고 고마웠습니다"라고 말 못 한 것이 못내 가슴속 한이 되었다고 하네요.

당신은 E 권사님이 남편 장로님을 먼저 하늘로 보내고 힘들어

할 때, 그녀에게 교회의 중책을 맡겼지요. '힘들더라도 교회 일을 하며 사별의 슬픔을 잘 겪어내도록 하라'는 뜻이었습니다. 어느 날 당신은 E 권사님이 목회자의 뜻에 잘 따라준 것이 고맙다고 했어요. 권사님은 눈물을 글썽이며 자신이 고통의 시간을 보낼 때 박 목사님이 붙잡아 주셨다고 하네요.

 K 권사님도, 목사님은 교인들 가정의 아이들 이름까지도 다 기억하고 불러주셨다고 했지요. 맞아요. 당신이 K 권사님의 막냇손자를 볼 때마다 이름을 부르며 머리를 쓰다듬던 기억이 나네요. 그 막내가 벌써 고등학생이 되었어요.

 K 권사님도 남편인 안수집사님을 먼저 하늘로 보내고 많이 힘들었을 텐데, "목사님이 칼국수 좋아하셨는데 사드리지 못한 것이 마음에 걸린다"고 하네요. 권사님이 나를 위로하기 위해 우리의 만남을 동영상으로 찍어 보내주었습니다.

 여보! 좋은 소식은 요즘 H 권사님의 건강이 많이 좋아졌어요. 몇 년 전에 권사님이 백내장 수술을 하러 간다고 할 때 당신이 전화로 기도해 주던 생각이 나네요. 요즘은 교회의 공적인 예배는 물론 소그룹 모임에도 참석할 정도로 건강이 회복되어 다행입니다.

 우리가 사는 아파트에서 백화점으로 가려면 반드시 H 권사님이 사는 E동을 지나야 하지요. 당신이 그때마다 권사님이 사는 아파트를 바라보며 그녀의 건강을 위해 기도하던 모습이 생각나는 저녁입니다. 또 우리 아파트 뒷동에 있는 권사님 집을 지나며 역시 목자의 마음으로 기도했지요. 아파트에 사는 교인들의 이름을 부르며 하나님께 기도하던 것이 불과 두 달여 전이었는데….

당신 이야기를 하며 함께 지내던 시간을 그리워하는 권사님들의 눈에 자주 이슬이 맺히네요. 영적 지도자였던 한 목회자를 같은 마음으로 추억할 수 있어 눈시울이 붉어질 때도 있지만 나는 교인들 때문에 세상이 외롭지 않네요. 오아시스를 만난 것 같습니다.

거기다 우리의 아름다운 만남을 축하라도 하듯, JTBC 방송의 예능 프로그램인 '싱어게인'에 출연한 7호 가수의 허스키한 육성 노래는 금상첨화였지요. 은발의 가수는 풍부한 성량뿐 아니라 전체적으로 가을을 닮았어요.

그의 아름다운 아내는 가수이면서 이 레스토랑을 운영하고 있다고 하네요. 원래는 저녁 시간에 라이브로 노래를 하는데 오늘은 점심시간에 7호 가수가 직접 노래하는 것을 들을 수 있었어요. 온전히 우리를 위한 공연이었지요.

귀한 대접을 받고 귀가해서 하루를 돌아봅니다. 떨어져 있어도 같은 생각을 하고 뜻을 같이하며 서로 사랑한다면 외로움이 절반으로 줄어들겠지요?

낮에 만난 그들이 말한 대로 내가 평생 가장 가까이서 지켜본 당신은 교인들을 참 사랑했어요. 언젠가 내가 "교인 중에 미운 사람은 없느냐?"고 물은 적이 있지요? 당신은 그때 "자기 자식을 미워하는 부모도 있을까? 하나님께서 나에게 붙여준 사람들이라서 다 귀해요"라고 했어요.

이번에 목포 J 교회에 부임하는 H 목사 사모는 남편이 그곳에 가게 된 것이 다 당신 덕분이라고 하네요. 부임하는 교회에 자기소개서를 제출할 때 박 목사님께 배운 대로 "따뜻한 목회를 하겠다"라고 기록했다고 하네요.

차세대 목사인 H가 그곳에 가서 당신보다 더 자애로운 목회자가 되기를 소망합니다. 그렇게 될 때 우리 교단은 물론 교계가 달라지지 않을까요?

당신은 일생 그런 마음으로 목양일념 했지요. 진심으로 사랑했던 교인들과 함께 꾸려갔던 우리 교회(서문교회)의 산 역사 속에 영원히 살아 있는 내 임이 유난히 그리운 오늘입니다.

로뎀나무 아래
멍하니 앉아 있습니다

〈열왕기상〉 19장 4~5절에, 엘리야는 바알과 영적인 대결에서 승리했지요. 그러나 승전가를 부르기도 전에 그를 죽이려고 하는 이세벨을 피해 브엘세바로 가서 로뎀나무 아래에 앉아 있었습니다.

탈진해 있는 엘리야에게, "천사가 그를 어루만지며 그에게 이르되 일어나서 먹으라 하는지라 엘리야가 일어나 머리맡에 놓인 떡과 물을 마시고 그 음식물의 힘을 의지하여 사십 주 사십 야를 가서 하나님의 산 호렙에 이르니라(〈열왕기상〉 19장 5~8절)"

성경에 기록된 이 장면을 떠올리며 감히 현재 나의 상황을 대입시켜 봅니다. 양상은 전혀 다르지만 비슷한 점이 있어서 반복해서 읽어보았습니다.

비슷한 점 중의 하나는 대선지자 엘리야도 기도할 수 없을 정도로 몸과 마음이 탈진할 수도 있다는 것이고, 또 하나는 사람에게 먹는 것이 무척 중요하다는 것입니다. 사실 나는 요즘 그렇게 좋아하던 초콜릿도 전혀 입에 당기지 않아 식탁 위에 두고 바라보고만 있어요.

당신이 하늘로 가고 난 후, 아우가 자신의 사역을 전폐하고 나를 위해 3주 동안 함께하며 음식을 만들어 매끼마다 챙겨주었어요. 수저를 들지 않으면 마음에도 없는 싫은 소리까지 해가며 온 식구들을 챙기고 있지요.

아우(병원 '원목')가 그러는데, 얼마 전에 만난 환자는 남편과 사별한 후 삶의 의미를 잃어 곡기를 끊더니 얼마 후에 정신을 잃고 쓰러졌대요. 그것도 세 번씩이나. 생명체에게 먹는 것이 그만큼 중요하다는 이야기겠지요. 그 말을 듣고 쓰러지지 않으려고 억지로라도 먹고 있어요.

아우가 집으로 돌아간 후에도 교인(다른 지역에 거주하는 타 교파의 목회자와 또 전에 시무했던 교회의 교인들 그리고 남편의 지인들과 주치의였던 H 한의원의 홍 원장님과 안 원장님의 세심한 배려와 정성에도 감사의 마음을 전한다. 또 모 권사님은 박대훈 목사님의 생전의 목회 사역과 고별예배와 또 1주기 추모예배의 모든 장면을 3개의 포토 북으로 만들어 선물했다. 감사의 마음을 전한다. 지난 1년여 동안 모 권사님은 계속해서 국을 끓여 주셨다. 감사드린다. 먼 곳에 계신 황○자 사모님, 김○라 사모님, 그리고 이○희 사모님에게도 감사를 전한다. 이외에도 많은 분들에게 사랑의 빚을 지게 되었다)들이 반찬을 만들어 오곤 합니다. "기운 차리려면 뭐라도 먹어야 한다"고 하면서…. 참 고마운 분들입니다. 그들은 한결같이 목사님께 받은 사랑이 너무 크다고 말하고 있어요.

교인들의 말처럼 한평생 곁에서 지켜본 당신은 참 특별했지요. 하나님께서 맡겨주신 양 떼를 진심으로 사랑했으니까요.

성남시에 사는 어느 목사님은 내가 팥죽 좋아하는 것을 기억하고 의왕시에 있는 죽 전문점에서 팥죽을 사서 우리 집까지 직접 가지고 왔어요. 그것도 아무도 모르게 문 앞에 살짝 놓고 돌아가면서 전화를 하더군요.

몸과 마음이 참담했던 그 밤에 죽을 들여놓으며 내가 그에게 문자 보냈던 것을 지면에 옮겨볼까 합니다.

"오늘 천상의 시 한 편을 우리 집에 살짝 내려놓고 간 A 목사님의 사랑에 감동하고 있습니다. 지금 우리 집 저녁 식탁은, 한 편의 아름다운 드라마를 연상시킨다고 두 아이가 얘기하고 있네요. 마치 천사가 위로하러 들른 것 같다고 했어요. 감사합니다.

박대훈 목사님이 개인기도 시간에 A 목사님과 사모님의 이름을 부르며 기도하시던 모습이 생각나는 저녁입니다. 두 분 건강하고 행복하기 바랍니다. 먼 길 마다하지 않고 한걸음에 달려온 A 목사님의

'사랑의 팥죽' 오래도록 기억할게요. 힘이 나네요. 평안한 저녁 시간 보내기 소망합니다"(2023년 9월 18일)

지금까지 이와 같은 교인들의 정성은 셀 수도 없이 많지만 대표로 A 목사님의 사랑만 기록했습니다.

어디 그뿐인가요? 전화로 위로해 주고, 함께 울어주고, 밥은 먹었느냐고 매일 챙기는 분, 문자와 모바일 메신저로 소식을 물어오며 목사님 계실 때처럼 이제는 사모님을 섬기겠다고 하는 교인의 사랑이 마치 엘리야를 위로하던 천사의 손길을 닮았어요.

차마 전화를 할 수 없어 기도만 하고 있다고 하는 분의 사랑도 잊지 못할 것입니다. 다른 지방에서 방문하시는 분들의 정성은 또 어떻고요. 다 당신이 이 땅에서 사역하며 뿌린 사랑의 열매입니다.

하나님께서 수많은 천사의 손길을 통해 상실의 슬픔에 빠진 나를 위로하시며 어서 먹고 힘내라고 격려하시는 것 같아요.

엘리야가 떡과 물을 마시고 힘을 얻어 사명을 감당하기 위해 하나님의 산 호렙으로 갔던 것처럼, 나도 힘을 내야지요. 아직은 나의 할 일이 무엇인지 선명히 다가오지 않지만 내 임의 유지를 받들어 조용히 기도하려고 합니다. 나도 언젠가 슬픔을 당한 이웃을 마음으로 위로하는 사람이 되고 싶습니다. 당신이 교인들을 사랑으로 보듬고 아꼈던 것처럼 말입니다.

내 사랑 당신처럼 믿음의 품위를 지키며 잘 지내다 주님 부르시는 날 당신 만나러 갈게요.

한평생 밥보다 간식을 더 좋아했던 내가 삼시 세끼 밥 먹는 날에, 당신이 했던 말이 생각납니다. "우리 집 큰아기 입에 밥 들어갈 때가 나는 제일 기뻐요."

그리움이 또 몰려오네요.

나의 문학을
꽃피게 해준 당신

나는 당신이 하늘로 이사 가고 난 후 이번에 아예 절필하려고 마음먹었었지요. 그 이유는 내가 새 작품을 쓸 때마다 당신이 내 글의 최초의 독자였는데 이제 '누가 그 자리를 대신해 줄까?'라고 생각하니 갑자기 기가 막혀서입니다. 당신은 남편이 아닌 독자의 입장에서 객관적으로 글을 보며 이곳저곳 손볼 곳을 지적해 주었지요.

내가 잡지사나 신문사에서 청탁받은 원고를 쓰다가, 마감일이 다가와 조급해할 때면, 당신은 항상 내가 좋아하는 떡라면을 끓여주며 마음 편하게 글을 쓰라고 격려했지요. 사실 당신이야말로 국문학을 한 진짜 글쟁이인데 목회에 전념하기 위해 글쓰기를 단념했어요.

나는 순종과 포기라는 말은 동급으로 써야 한다고 평소에 생각하고 있어요. 하나님께 온전히 순종할 때 나 자신을 기꺼이 포기할 수 있으니까요.

당신은 그렇게 했어요. 그렇다고 목회자가 자신의 달란트를 계발하는 것이 나쁘다는 것은 절대 아닙니다. 각자의 달란트를 활용하여 더 다양한 방법의 목회를 할 수도 있으니까요.

내 임이 약혼 시절에 보내왔던 편지를 볼 때마다 아름다운 문장에 감동되어 지금 읽어보아도 온몸에 전율이 일어요. 당신이 있는 그곳에서는 시를 쓸 수 있나요? 이제는 마음 놓고 문학에 전념해 좋은 글 많이 쓰면 좋겠습니다.

11월로 들어서니 날씨가 지난달과 확연히 차이가 나네요. 바람 소리가 유난히도 요란해 창밖을 보니 아파트 중앙정원의 갈대 군락에서 백발의 억새풀이 울부짖듯 좌우로 마구 흔들리고 있습니다. 마치 요즘의 내 마음을 대변하기라도 하듯 갈 길을 잃고 갈팡질팡하는 듯하네요. 마치 나를 보는 것 같습니다.

창문을 닫고 참으로 오랜만에 당신 책장을 열었어요. 그동안 마음이 너무 참담해서 쳐다보지도 못했지요.

당신이 은퇴하고 아파트로 이사하면서 거실 양쪽 면을 책장으로 꾸미기로 하고, 좁은 공간을 다용도로 활용할 목적으로 앞쪽

문을 유리가 아닌 나무로 했지요. 문을 열어놓으면 가지런히 놓인 책이 보이지만, 닫으면 깨끗한 수납장으로 감쪽같이 변하지요. 당신은 비밀의 공간 같다고 하며 무척 행복해했어요.

  서고에 주인을 잃은 채 말없이 서 있는 책 제목을 하나하나 읽다가 한쪽 면에 내 공간을 만들어 놓은 것이 눈에 들어왔어요. 깜짝 놀라 들여다보니 내가 신문과 잡지에 발표했던 글을 모아 클리어 파일에 깨끗하게도 보관해 놓았네요. 그리고 겉표지에 '사랑하는 아내에게 글재주를 주신 하나님 감사합니다'라고 제목을 달아 놓았더군요. 순간 자상한 당신의 배려에 나는 또 허물어지고 말았습니다. 매사에 덤벙거리는 나와 달리 당신은 참 알뜰하고 꼼꼼했지요.

  파일 표지를 넘기니 오래전에 당신이 나를 향해 쓴 짧은 시가 눈에 들어왔어요. 약혼 시절에 내게 보낸 수십 통의 편지 중에서 이 책에 있는 내용과 비슷한 부분이라고 생각되는 시 몇 편을 옮겨봅니다.

℞ 〈Ⅰ〉

「숙희」라는
사람이 누구신가라
누군가가
그렇게 물어본다면
太古적부터 하늘께서 짝지어 주신
나의
귀중한 사람이라고
말하렵니다.

「숙희」라는
사람이 누구신가라
누군가가
그렇게 물어본다면
나를 위해 세상에 난 사람이라고
말하렵니다.

℞ 〈Ⅱ〉

「숙희」라는
사람이 누구신가라
누군가가
그렇게 물어본다면
정녕
나에게는
지구와도 바꿀수 없는 사람이라고
말하렵니다.

「숙희」라는
사람이 누구신가라
누군가가
그렇게 물어본다면
내 生涯 단 한번 사랑할 수 있었던
사람이라고
말하렵니다.

1. 숙희라는 사람

(1)

숙희라는

사람이 누구냐고

누군가

그렇게 물어온다면

태곳적부터 신께서 짝지어 주신

나의

귀중한 사람이라고

말하렵니다

(2)

숙희라는

사람이 누구냐고

누군가

그렇게 물어온다면

나를 위해 세상에 태어난 사람이라고

말하렵니다

(3)

숙희라는

사람이 누구냐고

누군가

그렇게 물어온다면

정녕

나에게는

지구와도 바꿀 수 없는 사람이라고

말하렵니다

(4)

숙희라는

사람이 누구냐고

누군가

그렇게 물어온다면

내 생애 단 한 번 사랑할 수 있었던

사람이라고

말하렵니다

「여행」

떠나고 싶다.

떠나고 싶으면 떠나 보는 것이다.

目的도

理由도

없이

그냥 그렇게 훌쩍 가버리고 싶다.

누구에게나

핏속에 조금은 섞여 있는

집시의 魂이 있기에

1973.10.어느날에 쓴 作品.

2. 여행

떠나고 싶다

떠나고 싶으면 떠나보는 것이다

목적도

이유도 없이

그냥 그렇게 훌쩍 가버리고 싶다

누구에게나

핏속에 조금은 섞여 있는

집시의 혼이 있기에

1973년 지음

「연 정」

하늘을 보면서도
당신을 생각했었읍니다.
마른모래, 돌더위에서도
당신을 생각하지 않고는
견딜수가 없었읍니다.

당신을 염체없이 생각하다
사람들이 벤길나게
오가는 거리에 쓰러져 버리고 말았읍니다.

나를깊이 묻어주오
나를 깊이 묻어주오
나를 묻고서 울지는 마오
울어는 죽어서도
당신을 잊을 수가 없을겁니다.

내 무덤에 꽃은 두고 가지마오
내 무덤에 꽃은 두고 가지마오
시들어 버린 꽃을 땅속에서 보는것은

3. 연정

하늘을 보며
당신을 생각했습니다
마름모꼴 포도 위에서도
당신을 생각하지 않고는
견딜 수가 없었습니다
당신을 염치없이 생각하다
사람들이 뻔질나게
오가는 거리에 쓰러져 버리고 말았습니다

나를 깊이 묻어주오
나를 깊이 묻어주오
나를 묻고서 울지는 마오
눈물을 흘리면 죽어서도
당신을 잊을 수가 없을 겁니다

내 무덤에 꽃은 두고 가지 마오
내 무덤에 꽃은 두고 가지 마오
시들어 버린 꽃을 땅속에서 보는 것은
가슴 아픈 일이 아니겠소?

아무것도 두고 가지 마오

아무것도 두고 가지 마오

당신의 고운 노래나 두고 가오

당신의 고운 사랑이나 두고 가오

1976년 지음

> 여보 ?
> 봄이 오는 길목에 된
> 개나리처럼 신비하고
> 화사한 당신을 사랑합니다
>
> 퇴근 적 부터
> 불러오던 나의 열렬한
> 노래는 당신을 사랑하는
> 감격이 였습니다.
> 그래서 만족하고 행복합니다
> 99. 3. 5. 남편.

4. 여보!

봄이 오는 길목에 피어 있는
개나리처럼 신비롭고
화사한 당신을 사랑합니다
태곳적부터
불러오던 나의 열렬한
노래는 당신을 사랑한다는
그 한마디뿐입니다
그것으로 나는 만족하고 행복합니다

1999. 3. 5. 당신의 남편이

언젠가 당신이 보낸 편지 몇 편을 읽어주니, 몹시 쑥스러워하며 글도 아니라고 강하게 고개를 저었지요. 그러나 나에게는 주옥과도 같은 시편들입니다. 지금도 가끔 꺼내 볼 때마다 행복이 몰려오곤 하지요.

위에 기록한 4편 중에서 〈여보〉라는 글이 입에서 맴돌고 있네요.
당신은 늘 나를 보고 봄의 개나리같이 화사하다고 했어요.
글을 쓰며 얼마 전에 방영한 드라마에서 "꽃처럼 살기를 바란다"라는 대사가 유독 마음에 와닿았던 이유를 이제야 알겠네요.

당신은 나를 늘 꽃처럼 사랑했습니다. 당신이 있었기에 평생 그렇게 예쁘게(?) 살 수 있었어요.

이제 나 혼자 가는 길도 당신이 바라던 대로 꽃처럼 살겠습니다. 온실 속에서 보호만 받고 자란 여리디여린 꽃이 아니라, 많은 이들에게 선한 영향력을 끼치며 향기를 듬뿍 나누어 주는 꽃으로 살겠습니다.

꽃처럼 살라는 말은 인간성을 상실하지 말고 하나님이 주신 본연의 자세로 살라는 말이지요. 한평생 목회하는 교회마다 복음의 꽃을 피우기 위해 혼신을 바쳤던 당신처럼 그렇게 살고 싶습니다.

이 시간 당신의 사랑 때문에 다시 글을 써야겠다는 용기가 생깁니다. 이제 이후로는 내 사랑 당신을 많이 그리워하며 글을 쓸 것입니다. 눈물 섞어 글을 쓰다 보면 나도 모르는 사이에 내 밖에서 흐르는 물리적인 시간뿐만 아니라 내 안에 그리움으로 아예 멈춰버린 시간도 다시 가겠지요? 그러노라면 당신 만날 날도 한 걸음씩 다가올 테니까요.

내 마음속에 영원히 현존하는 당신을 생각하며 나는 오늘도 그리움의 글을 퍼 올립니다.

당신
거짓말했어요(?)

다른 지역에 사는 U 권사님이 소식을 듣고 전화했어요.

목사님 계실 때 못 모신 것이 죄송하다고 하며 나를 꼭 권사님 집으로 초대하고 싶다고 하네요.

그곳까지 가려면 대중교통을 이용해야 하는데 내가 운전면허는 있지만 장롱면허라서 생각해 봐야겠다고 하니 "사모님은 왜 운전을 안 하세요?"라고 하네요. 그녀의 말에 나는 "목사님 때문에 운전할 수가 없었다"고 했지요. 당신은 늘 "이렇게 든든한 평생 베스트 드라이버가 있는데 무슨 걱정을 하느냐?"고 했어요.

권사님은 단번에 "목사님이 거짓말하셨네요. 그 약속 못 지키고 그렇게 가시면서"라고 했어요. 통화를 마치고 생각하니 권사님 말이 맞아요. 나는 당신이 건강하고 운동신경도 남달랐기 때문에 80세가 넘어서도 충분히 운전할 줄 알았어요.

당신은 정말 '나의 베스트 드라이버'였습니다. 아무 걱정하지 말라고 하면서 내가 어디를 가든지 항상 기쁜 마음으로 운전을 해주었지요. 하루에 몇 번씩이라도….

요즘 들어 두 아이가 운전하는 차를 타거나 또는 택시나 대중교통을 이용하며 당신 때문에 참 편하게 살았다는 생각을 합니다. 당신이 운전하는 차를 탈 때가 제일 편했던 것도 사실이고요.

자동차는 참 순종적이지요. 운전자가 핸들을 움직이는 대로 가니까요. 차를 타면 둘만의 공간에서 음악을 듣고 대화하고 창밖으로 스치는 풍경들을 보고 환호하며 달리고 또 달리고. 타인을 의식할 필요가 없는 행복한 자유인이 되죠.

그러나 2023년 9월 4일에 그 행복이 깡그리 무너졌어요.

거짓말 같은 지금의 사실이 인식되는 순간, 내 몸이 분리되는 것 같은 느낌을 요즘 들어 자주 받습니다.

상실의 슬픔은 그 어떤 말이나 이론으로 설명할 수가 없어요. 곁에서 함께 숨을 쉬던 사람이 갑자기 사라져 버렸는데 무슨 설명이 필요할까요? 당해본 사람만이 알 수 있는 이별의 순간이 문득 떠오르면 절대 고독감이 전신으로 휘몰아쳐 마음 둘 곳이 사라집니다. 우주에 나 홀로 남겨졌다는 두려움이 엄습하면 마음은 하염없이 방황하다가 제풀에 지쳐버리지요. 비탄의 시기가 지날 때까지 이런 현상은 하루에도 몇 번씩 반복되고 있어요.

  나는 요즘 아파트 지하 주차장에 자주 내려가 주인을 잃고 덩그러니 외롭게 서 있는 당신의 애마를 들여다봅니다. 아직도 운전석에 당신이 앉아 있는 것 같아요. 당신은 차를 참 깨끗하게 다루었어요. 연식은 10년이 넘었는데 주행거리는 3만 km가 조금 넘었다고 했지요.
  나의 임이 하늘로 가고 난 후 어느 날 막내가 아빠 차를 운행했는데 시동을 거니 당신이 코로나19에 감염되기 하루 전 마지막으로 운전할 때 맞춰놓았던 라디오의 채널이 그대로 켜져 있어, 아빠 생각이 나서 순간 걷잡을 수 없는 슬픔이 몰려왔다고 했어요. 왜 안 그렇겠어요. 당신은 두 아이를 끔찍이도 사랑했으니까요. 애들도 마찬가지고요.
  지금 생각하니 내가 운전 안 한 것이 후회가 됩니다. 당신과 아이들이 만류해도 밀고 나갔어야 했는데 말입니다. 지금도 후회하고 있는 분명한 이유는 오직 단 한 가지인데, 부활의 동산(산소)에 자유롭게 가고 싶어서입니다.
  나는 두 어머니와 친정아버지가 돌아가신 후에 너무 슬퍼서 산소에 거의 가지 않았어요. 사랑했던 사람이 고인이 되어 누워 있는 그곳이 낯설고 기가 막혀서이지요. 그런데 나의 반쪽인 당신은 다르네요. 가서 당신을 느끼고 싶습니다. 당신의 영혼은 이미 하늘로 가버리고 말았는데 말입니다. 이런 엄마를 보고 두 아이가 더 추워지기 전에 아빠에게 다녀오자고 했어요.

　당신이 하늘로 이사 가고 난 후 차 문제를 어떻게 할까? 고민하다가 당분간은 당신을 추억하며 두기로 했어요. 두 아이가 운전을 잘해서 얼마나 다행인지 모릅니다.
　두 아이가 도로 주행 할 때 아빠에게 실전 운전을 배웠던 것이 많은 도움이 되었다고 합니다. 당신은 두 딸을 차에 태우고 "운전은 자신감이 있어야 한다"고 했어요. 또 항상 방어 운전을 해야 나와 상대방 모두 안전할 수 있다고 했지요.
　지하 주차장에 내려가 사랑하는 당신을 대하듯 당신의 애마를 손으로 쓸어보고 들여다보며 당신에게 말을 걸어봅니다.
　"여보! 당신의 사랑 숙희가 왔어요" 그러고는 그동안 일어났던 일 들을 낱낱이 얘기하지요. 마치 당신이 듣고 있다 씨익~ 웃는 것 같아요. 당신이 보고 싶을 때마다 나는 지하 주차장으로 내려가 당신을 만지듯 손으로 당신의 애마를 어루만집니다.
　차 안을 들여다보니 오늘도 당신이 운전석에서 나를 기다리고 있는 것 같아요. 차 문을 열고 들어서는 나에게 당신은 늘 그랬죠. "어서 오세요, 마님! 어디로 모실까요?"

추억이
울고 있습니다

    M 병원에서 원목으로 사역하고 있는 아우가 우리 세 모녀가 걱정되어 잠시 짬을 내서 청주에 왔어요. 10월로 접어드니 아침저녁으로 제법 서늘한 바람이 옷깃을 파고드네요.

    따끈한 국물이 생각나 근처에 있는 국수 가게로 가 어묵 국수를 주문했어요. 면을 유난히 좋아했던 당신이 생각나 눈물로 말아서 한 그릇을 먹는 둥 마는 둥 간신히 그릇을 비운 후, 오랜만에 아우와 함께 아파트 주변을 산책했습니다.

    그동안 발에 깁스를 하기도 했지만 깁스를 풀고도 당신이 하늘로 이사 가고 이렇게 걷는 것이 처음입니다. 내가 어느 날 갑자기 혼자가 되었다는 사실이 이해가 되지 않아 문밖을 출입하기가 두려웠습니다. 사별한 지 30년이 넘은 권사님도 처음 얼마 동안 그런 마음이 들었다고 하네요. 이것은 상실의 아픔을 겪은 사람들의 공통적인 심리인 것 같아요.

그러던 차에 아우가 와서 함께 걸으니 조금 안정이 된 듯합니다.

당신과 저녁마다 손잡고 아파트 주변을 산책하던 수많은 날이 떠오르네요. 우리의 산책로는 아파트 단지를 빠져나와 백화점에 들러 층마다 오르내리며 윈도쇼핑을 하고 3층에서 물 한 모금 마시고 잠시 앉아 쉬는 것이었지요.

그런 다음 근처 아파트를 가로질러 뒷길로 들어서 둑길을 걷는 코스였는데 늘 같지는 않았지요. 40~50분 족히 되는 길을 걸으며 참 많은 이야기를 했어요.

지금 아우와 그 길을 걷고 있는데 갑자기 여기저기서 당신이 나를 기다리고 서 있는 것 같아요. 이 주변에는 당신이 너무 많이 있네요. 눈물이 앞을 가려 더 걸을 수가 없어, 아우에게 전혀 모르는 곳으로 거처를 옮기고 싶다고 했더니, 아우는 고교 시절 국사 시간에 들었던 이야기를 해주었어요. 아주 오래된 이야기이지요.

청풍 댐이 들어설 때 단양의 어느 마을이 수몰되었어요. 국사 선생의 집도 수몰 지구에 포함되었고요. 그 후 수몰 지구의 주민들은 다른 지역으로 이사를 갈 수밖에 없었어요. 언젠가 가뭄이 들 때 수몰된 곳이 예전 모습 그대로 드러나 물속에 있는 고향을 찾는 사람들의 발길이 잦았다는 기사를 읽은 적이 있습니다.

국사 선생은 "내 고향은 마음속에만 있지 현실에는 없다"고 하며 "고향이 있는 사람은 복된 사람이다. 추억의 장소를 눈으로 볼 수 있으니 얼마나 좋을까? 고향에서 있었던 추억이 물속에 있으니 이제는 슬픈 실향민이다"라고 말했다고 하네요.

아우는 이 이야기를 담담히 들려주며 "지금은 언니가 형부와 함께 나누었던 추억이 너무 아프게 다가와 힘이 들지만 훗날 이곳의 추억을 떠올리며 미소 짓지 않을까? 그러다 어느 날은 걷잡을 수 없는 그리움으로 무너지기도 하겠지만. 그러니 거처를 옮기는 것은 조금 더 생각해 보는 것이 어떨까?"라고 하네요.

지금보다 많은 시간이 지나면 당신과 함께했던 추억으로 이 주변이 아늑하고 행복하게 느껴질 수 있을까요?

당신과 함께 앉았던 공원 벤치에 앉아 어깨를 들썩입니다. 산책 나온 사람들 모두가 행복해 보이는데, 이 우주에서 나 혼자만 상실의 아픔을 겪는 것 같아 무척 힘이 드네요.

비장이 끊어지는 고통으로 애간장이 녹아내립니다. 시간이 얼마만큼 지나야 당신을 잊을 수 있을까요?

어깨를 들썩이며, 당신과 함께 걷던 이 길을 아우와 함께 걷고 있습니다.

에벤에셀의 하나님

당신이 하늘로 떠난 후 내 속에 있는 시간은 배터리가 방전되듯 멈춰버렸지만 창밖의 시간은 어느덧 늦가을로 접어들었어요.

추수 감사 주일에 부르는 찬송가 가사처럼 매해 이맘때가 되면 온 산이 붉게 타들어 가고, 들에는 오곡백과가 무르익지요. 자연도 수확의 계절이 되면 겸손하게 열매를 보여주는데 하물며 사람은 말해 뭐 하겠어요.

어느 날 갑자기 내 인생의 지축이 폭뢰를 맞은 듯 복원이 불가능할 정도로 허물어져, 참 오랫동안 육신은 물론 정신과 함께 영적으로 침체된 시간을 보냈습니다. 그런 일상을 보내다 당신이 달력에 추수 감사 주일이라고 기록한 것이 눈에 들어왔어요.

당신은 해마다 연초가 되면 탁상 달력을 펼쳐놓고 한 해의 큰 계획을 모두 기록해 놓았지요. 당신이 쓰던 수첩에도 깨알처럼 많은 것이 적혀 있네요. 그래서 내 임이 나와 다른 곳에 있지만 남겨놓은 기록은, 중요한 일을 알려주는 지침서 같은 느낌을 주고 있습니다. 은퇴하던 날, 조카가 선물했던 금전수 물 주는 날까지도 표시해 놓아서 그날에 맞춰 물을 주고 있어요.

추수 감사 주일도 마찬가지입니다. 아직도 상실의 늪에서 허덕이느라 세월이 가는지 오는지 전혀 관심이 가지 않았지요. 그러다 무심히 달력을 보는데 추수 감사 주일이라고 붉은 볼펜으로 쓴 당신의 필체가 눈에 들어왔어요. 순간 정신이 번쩍 들었습니다.

감사절을 맞이할 때마다 지금까지 지켜주신 하나님의 은혜를 되돌아보곤 했는데 올해는 그게 아니었습니다. 잠시 기억장애가 일어난 것처럼 평소의 나답지 않게 이성은 마비되었고 정서가 흔들렸습니다. 솔직히 당신 없는 이 세상이 너무 낯설어 감사한 일을 찾아볼 생각조차 못 한 것이지요.

발인 예배 이후 두 달여 만에 교회에 갔습니다. 당신이 없는 이 세상에서, 처음으로 나 혼자 성전에 발을 들여놓은 기분을 아십니까?

교회에 오니 몇 년 전 일이 주마등처럼 떠오르네요. 당신이 은퇴하고 나서 두 달여 후에 담임 목회자가 새로 부임했지요.

당신은 후임 목사가 소신껏 목회에 매진할 수 있도록 은퇴한 후에 6년 동안 특별한 순서가 있을 때를 제외하고는 거의 교회에 가지 않았어요. 원로 목사가 주일마다 출석하면 교인들의 시선이 쏠릴 것을 염려한 것이지요.

모 장로님이 "교회에 세대교체가 되면 원로 목사와 담임 목사 사이가 껄끄러운 곳이 많다"고 하며 "박 목사님은 은퇴하신 후에 일절 교회에 간섭을 안 하셔서 후임 목사님이 마음껏 꿈을 펼칠 수 있었다"라고 했어요.

당신의 바람대로 우리 교회가 담임 목사님을 중심으로 전 교인이 하나가 되어 신앙생활을 하고 있지요. 다 하나님이 하신 것입니다.

24년 가까이 한 교회만 섬기던 우리는 은퇴하자 갑자기 이 교회 저 교회를 드나드는 교회 순례자(?)가 되었습니다. 어느 주일에는 B 동네 근처에 있는 교회를 가다가 얼결에 서문교회까지 간 것을 깨닫고 갑자기 자동차의 핸들을 돌렸지요. 의도한 것은 아니었지만 우리도 모르게 그리로 갔습니다. 왜 안 그렇겠어요? 거의 9,000일 동안의 추억이 서려 있는 곳이니 저절로 발길이 닿는 것은 당연한 일이지요.

어느 주일에 집 근처에 있는 D 교회에 갔을 때 그곳에서 들은 말이 지금도 잊히지 않네요. "목사님들이 현직에서 사역할 때는 외롭지 않은데 은퇴 후에는 갈 곳이 없어져 쓸쓸하게 지내실 것 같다"라고 하더군요. 당신은 갈 곳이 없는 게 아니라 후임 목회자를 배려하는 마음에 뒤로 물러선 것인데 듣기에 조금 민망했습니다.

혼자 상념에 잠긴 채 교회 계단을 오르자 당신이 그토록 사랑했던 교인들이 여기저기서 뛰쳐나와 반갑게 맞아주었어요. 믿음의 자리를 그대로 지키고 있는 그들이 참 고마웠습니다.
모 권사님의 말이 지금도 마음에 남아 있어 옮겨봅니다.
수많은 교인이 거의 매일 이렇게 감동적인 문자 메시지를 보내 나를 위로했지요. 그러나 대표로 그 권사님의 말과 글만 지면에 실어봅니다.

"사모님, 얼굴 자주 보며 우리 서로 위로하며 살아요. 아직도 원로 목사님과 사모님이 우리 마음속에 큰 자리를 차지하고 있어요. 주신 사랑을 잊을 수가 없지요"

그 권사님은 훗날 이런 문자 메시지도 보내왔습니다.

"사모님 항상 초연한 모습으로 그 자리에 계셔주심에 우린 안심하고 또 감사할 뿐입니다. 자주 뵙지는 못해도 늘 강건하시기를 바랍니다.

저희 성도들은 목사님을 떠올리며 지나간 일들을 이야기할 때가 많이 있습니다. 따뜻하셨다고….

우리 자녀와 손자들 이름까지 다 기억하시고 꼭 안부를 물으시던 분이셨어요.

돌아가셨지만 살아 계신 것 같네요.

아니, 목사님은 우리 성도들 가슴속에 아직도 살아 계시지요.

사모님,

외로우시고 힘드셔도 잘 이겨내시는 모습 참 닮고 싶습니다"

나는 교인들을 보며 에벤에셀의 하나님을 성전에서 만났습니다. 당신이 24년 동안 한결같이 하나님의 신실한 종이 되어 사명을 잘 감당했던 그곳에서 말입니다.

예배를 마치고 K 권사님의 차를 타고 집으로 오는 길에 우리 가족이 24년 동안 살던 목사관 옆을 지나게 되었어요. 추억의 장소는 이제 자취를 감추고 그곳에 회벽색의 원룸 건물이 들어섰더군요.

청주로 이사 와서 어머니 방을 만들어 드렸더니 무척 좋아하시던 기억이 나네요. 내가 허약한 관계로 어머니가 살림을 맡아 하셨지요. 난 지금도 어머니께 받은 사랑의 빚을 갚지 못한 채 평생 채무자로 살고 있는데, 당신은 세상에 둘도 없는 효자였지요. 연로하신 어머니가 소외감이 들지 않게 집안의 작은 것 하나도 늘 상의했어요.

목회자를 사랑하는 마음으로 교인들이 자주 드나들던 목사관의 초록색 대문은 이제 원룸의 주차장으로 변해버렸네요.

그때 그곳에서 우리 가족은 모두 건강했고 단란했지요. 그러나 지금은 어머니도 오래전에 하늘로 가셨고 이제는 당신마저 이 땅에 없습니다. 우리 가족에게 따뜻한 보금자리였던 목사관의 추억은 이제 마음속에만 있습니다.

추억을 옷섶에 묻고 집으로 오는 길에 오만가지 상념이 파도치고 있습니다. 당신이 우리 곁에 없어 많이 슬프지만 지금까지 지켜주신 하나님의 은혜를 헤아려 보니, 당신이 뿌린 사랑의 씨앗들이 여기저기서 꽃을 피웠네요.

에벤에셀 하나님은 지금까지 교인들의 손길을 통해 나를 혼자 두지 않고 위로하셨던 것입니다. 그것을 머리로는 알고 있지만 아직도 사랑하는 사람의 부재를 인정하고 싶지 않아 내적 갈등을 일으키고 있어요.

저녁이 되면 외출했던 당신이 집에 올 것만 같고 내 등 뒤에서 "내 사랑 숙희야!"라고 말할 것 같은 날이 오늘도 계속되고 있습니다.

"전제와 같이 내가 벌써 부어지고 나의 떠날 시각이 가까웠도

다. 나는 선한 싸움을 싸우고 나의 달려갈 길을 마치고 믿음을 지켰으니, 이제 이후로 나를 위하여 의의 면류관이 예비되었으므로 주 곧 의로우신 재판장이 그날에 내게 주실 것이며 내게만 아니라 주의 나타나심을 사모하는 모든 자에게도니라(〈디모데후서〉 4장 6~8절)" 이 성경 말씀처럼 당신은 이 땅에서 선한 싸움을 싸우고 달려갈 길을 잘 마쳤습니다.

이제 나도 당신의 뒤를 이어 내게 주신 기도의 사명을 감당하다가 하나님 앞에 서야겠지요. 그날에 당신이 하늘길을 건너 나를 마중 나오겠지요? 주님이 당신을 맞이하신 것처럼 나 또한 맞아주시는 그날을 그려봅니다.

그리운 당신!

당신의 부드러운 미소가 몸서리치게 그리워지는 하루가 또 기울고, 당신 만날 날이 하루 앞당겨졌어요. 나목 위에 걸려 있는 가을의 끝자락을 보며 오늘도 내 남은 인생의 페이지를 넘깁니다.

고맙습니다

아우가 얼마 전부터 바람도 쐴 겸 친정에 다녀가라고 해서 두 아이와 함께 길을 떠났습니다. 우리가 결혼하고 47년 사는 동안 친정 가는 길엔 거의 당신이 곁에 있었지요. 출가한 자식은 내외가 같이 가야 부모님 마음이 든든하다고 하면서….

사실 당신이 없는 세상에서 친정에 가는 것이 많이 망설여졌습니다. 아우가 '우리를 보고 얼마나 마음이 아플까' 하는 생각도 들고 혼자라는 것이 아직 믿기지 않아서지요.

삶의 터전을 잠시라도 바꾸면 괜찮아질 줄 알았는데 그게 아니었어요. 당신의 흔적이 발걸음 닿는 곳마다 너무도 선명해 애써 시선을 외면해 버렸습니다. 그런 나를 옆에서 지켜보던 아우도 "마른 풀잎 하나에도 형부의 숨결이 묻어 있는 듯해 마당을 쓸다가 혼자 많이 운다"고 했습니다.

　작년에 아버지가 하늘로 가신 후 당신과 동생들이 정원 전지 작업을 하던 기억이 떠오르네요. 우리는 아버지를 잃은 슬픔을 가슴에 묻은 채 서로 마음을 모아 아버지가 가꾸던 소박한 정원을 정돈했지요. 깨끗하게 손질된 정원에서 마주 보고 웃다가 뒤돌아서 울기도 했지요.

　당신과 막내가 힘들게 전지했던 자목련과 백목련이 올해 들어 더 무성하게 우거져, 봄이 다 가도록 한껏 우아한 자태를 뽐내더니 이제는 낙엽을 떨구고 있네요.

　늦가을 바람이 한번 휩쓸고 지나가면 나뭇잎은 속절없이 떨어지고 맙니다. 작년 봄, 목련 나무 아래서 조경 기능사처럼 진두지휘하던 당신의 모습이 눈에 선하네요. 당신의 목소리가 목련의 가지마다 걸려 있는 듯해 자꾸 하늘을 보고 땅을 내려다봅니다.

　당신은 집에서는 물론 처가에 갈 때마다 분갈이도 잘했지요. 그래서 당신의 손길이 닿으면 시들시들한 화초도 살아나곤 했습니다.

　친정어머니도 분갈이를 잘하셨지요. 봄부터 국화를 화분에 옮겨 자식처럼 잘 가꾸셨어요. 어머니가 언젠가 당신이 분갈이 잘

하는 것을 보고 칭찬하자 당신이 말했지요? "어머님이 저보다 고수이신걸요" 그 시절엔 우리가 누리고 있는 소박한 행복이 당연한 줄 알았어요.

지금은 우리의 삶이 180도로 변했지만 우리가 누렸던 참 좋은 시절에 감사하고 있습니다. 이것이야말로 우리 가족이 살아가는 힘이 아닐까 합니다.

당신이 분을 떠서 옮겨놓은 군자란이 무성해져 올해는 아우가 다섯 개의 작은 화분에 나눠 심어 이웃집에 선물했다고 하네요.

정원 구석에서 나뒹굴던 알로카시아를 화분에 옮겨놓은 일도 있지요. 올해 그것이 예쁜 꽃을 피웠답니다. 이런 것을 볼 때 당신은 하나님이 맡겨주신 양 떼만 사랑한 것이 아니라 생명이 있는 모든 것을 사랑했다고 할 수 있지요.

당신이 떠나고 난 후 책상 서랍 속에 내년에 처가에 가서 텃밭에 심어보겠다고 사다 놓은 청경채와 파 씨앗을 보고 오열했습니다.

올봄에 당신이 심었던 상추는 잘 자라서 아우가 여름에 가지고 왔지요. 그때 당신이 농사지은(?) 최초의 수확물을 경이로운 눈으로 바라만 보던 기억이 떠올라 온몸이 아리네요.

단독주택인 친정집은 여기저기 손볼 곳이 많았어요. 당신이 갈 때마다 사방에 걸려 있는 거미줄을 떼어내고 화단에 무성하게 자란 잡초를 뽑아버리면 순식간에 작은 마당이 훤해졌지요.

사위의 모습을 보고 아버지는 흐뭇해하셨어요. 이제 친정에 가면 아버지도 안 계시고 내 임 모습 또한 그 어디에도 없습니다.

친정에 오면 울지 않을 줄 알았는데 시선 가는 곳마다 당신의 흔적이 눈에 밟혀 통곡하니 갑자기 두통이 심해지네요. 슬픔을 치료할 약은 이 세상 그 어디에도 없다는 것이 나를 더 참담하게 합니다. 미운 생각이라도 들어야 눈물이 멈출 텐데, 오늘따라 당신의 부드러운 미소가 온몸으로 번져와 가을 앓이를 하듯 더 그립습니다.

이제는 내 마음속에 영원히 살아 있는 당신과, 우리가 함께했던 세월을 더듬어 봅니다.

여보!

장인과 장모의 사위가 아닌, 둘째 아들로 곁에 있어주어 정말 감사합니다.

내 친정 형제와 자매, 그리고 조카들까지 당신의 분신처럼 사랑해 주어 고맙습니다. 그런 당신이 너무도 그립고 미치도록 보고 싶은 11월 초하루가 낙엽 속에 몸을 누이고 있습니다.

당신의 뒷모습은
참 푸근했습니다

　당신은 앞모습도 보기에 좋았지만 뒷모습은 더할 나위 없이 편안함을 주었어요. 주일에 설교하기 위해 목회 가운을 입고 강단에 오를 때의 모습은 마치 성경에 나오는 선지자의 모습을 닮은 듯했지요. 또 오후 예배시간에 회중석에서 예배드리다가 축복기도를 하기 위해 강단으로 갈 때 양복 입은 뒷모습도 참 멋졌습니다. 이것은 전적으로 나의 주관적인 생각입니다.
　당신은 어깨가 좁은 편이지만 건장한 체격이어서 오히려 푸근함을 주었어요. 사람의 앞모습은 예쁘게 나름 꾸밀 수도 있지만, 뒷모습은 그 사람이 가지고 있는 그대로를 보여주기 때문에, 전문가의 도움을 받아 걸음걸이 등을 고쳐야 좀 더 나아 보이지 않을까 합니다.

내가 장황하게 글을 전개한 것은 가시적인 모습만이 아니라 인간의 내면을 말하기 위해서입니다.

사람의 뒷모습은 거짓말을 못 하지요. 당신은 평생 교인들을 진심으로 사랑했기 때문에 앞모습은 물론 뒷모습이 편안해 보였어요. 삶이 버거울 때 언제라도 또 누구라도 가까이 다가가고 싶은 목회자의 뒷모습으로 말입니다.

당신이 하나님의 부르심을 받았다는 소식을 듣고, 부드러운 모습을 기억하고 있는 성결교단의 모 장로님이 보내온 문자를 옮겨봅니다.

"주님, 박대훈 목사님의 영혼을 기쁜 마음으로 받아주옵소서. 내가 박 목사님과 만난 것은 목사님이 북한선교위원회 2대 위원장으로 계실 때 저는 부서기로 들어갔고 목사님이 총회의 심리부장 시절에 심리부 서기로 함께 수고와 봉사할 때 참 정직한 분이시고 부드러운 목사님이라고 생각을 했었는데 100세 시대에 이렇게 빨리 주님이 부르셨는지요.

옛말에 하늘은 좋은 사람을 먼저 데려간다는 말이 있는데 이렇게 먼저 하늘로 가셨네요. 박 목사님이 주님 곁에서 평안히 안주하시길 간절히 기도합니다. 그리고 유족들에게도 주님의 크신 위로를 전해

드립니다. 샬롬"

언젠가 친정아버지는, 친척의 중매로 어머니와 만났는데, 어머니의 다소곳한 뒷모습을 보고 한눈에 반했다고 하셨어요.

뒷모습이 고운 어머니는 수줍음을 많이 타셨지요. 음식솜씨는 요즘의 요리전문가들 뺨치고요. 우리 가족은 솜씨 좋은 어머니 덕에 맛있는 음식을 많이 먹으며 지낼 수 있었어요.

어머니는 평생 사위에게 경어를 쓰셨지요. 자식이지만 목회자라서 어려워하셨어요. 당신이 장모에게 "어머니, 저도 자식인데 제가 불편하니 말씀 편하게 하세요"라고 아무리 말해도 늘 사위를 어려워하셨지요.

여보!

하늘나라에서도 수줍음이 많은 어머니가 당신을 보고 어려워하시던가요?

우리가 함께 외출했다가 들어올 때 내가 현관문을 열기 위해 앞서 걸으면 당신은 나를 보고 늘 "우리 숙희는 뒷모습이 참 예쁘다"라고 했어요. 나는 키가 작은 것에 콤플렉스를 느껴 뒷모습에 대해 자신 없어 하는데 나의 지원군인 당신은 작은 키가 오히려 "아담해 보여 좋다"라고 했지요.

우리가 단독주택에 살 때 교인들이 방문하면 집 안에서 대문을 열어주고는 한걸음에 문밖으로 나가 그들과 인사를 할 수 있었어요. 그런데 당신이 은퇴하고 아파트로 이사한 후에는 상황이 조금 달라졌지요. 교인들이 아파트 정문 입구에서부터 우리 집 앞까지 오려면 거리도 멀고 또 교인들을 번거롭게 하는 것 같아 내가 지하 주차장으로 내려갑니다.

사랑하는 내 임이 하늘로 간 후에도 교인들이 자주 찾아오네요. 그들을 보내고 쓸쓸하게 뒤돌아서는 내 마음을 아시나요? 오늘처럼 마음에 먹구름이 껴 참담한 기분이 들 때 잠깐 집에 다녀가면 안 될까요?
비말 차단을 위해 마스크를 쓰고 있는 것은 참 다행입니다. 눈물을 참느라 입술을 깨물어도 아무도 모르니까요.
나는 오늘도 오열하며 집으로 들어왔습니다. 당신은 교인들의 변함없는 섬김에 그들의 이름을 불러가며 하나님께 간절히 기도했지요. 그러나 이제는 그 기도 소리를 들을 수가 없네요. 내 사랑이 하늘로 떠나고 난 후 요즘 나의 뒷모습은 늘 흐느낌으로 인해 흔들리고 있습니다.

현관문을 열면 부드러운 음성으로 맞아주던 당신의 부재가 오늘도 이어지고 있습니다. 부자는 아니지만 모든 것이 풍족한 이

때 나에게 가장 귀한 이가 없어 무한한 결핍을 느낍니다. 철저히 절대 고독 속으로 빠져드는 이런 기분은 내가 당신 곁으로 가야만 해결되겠지요?

평소에 나도 내 임처럼 푸근한 뒷모습으로 살고 싶다는 생각을 자주 했었는데, 지금 나의 뒷모습은 늦가을보다 더 쓸쓸하게 느껴집니다.

"내가 지하 주차장으로 내려갈게…" 어디선가 당신의 따뜻한 목소리가 들리는 것 같은 11월의 마지막 주일 저녁입니다.

언제나 아내 생각으로 꽉 차 있던 나의 임이었는데, 이제는 내 온몸이 용광로 속에서 철철 녹아내리는 광물질처럼 당신에 대한 그리움으로 녹아버렸습니다. 창밖엔 11월 하순의 어둠이 짙게 깔리고 내 눈엔 그리움의 누선이 홍수를 이루고 있습니다.

절대 거짓말한 것이
아닙니다

　우리나라는 1996년에 OECD(경제협력개발기구) 회원국에 가입한 후 전반적으로 국민의 생활 수준이 많이 향상되었지요. 웬만한 가정에서 갖가지 가전제품을 갖추고 사는 것은 물론이고 요즘은 인공지능 로봇도 등장해 국민의 삶은 더 편안해졌어요.

　우리가 초등학교 다닐 때만 해도 가난한 학생이 많았지요. 그때는 학기 초에 담임이 가정환경 조사를 위해 이것저것 물으며 손을 들어보라고 했지요. 예를 들어, "집에 피아노 있는 사람? 손 들어 봐요?"라고 할 때 손을 든 학생이야 기분이 좋겠지만 그렇지 못한 대부분 학생의 심정은 말할 수 없이 위축되었지요.

그래도 물건이 없는 것은 큰일이 아니에요. 왜냐하면 그 당시엔 피아노는 고사하고 삼시 세끼를 매일 챙겨 먹는 집도 드물었으니까요.

당신에게 들은 이야기지요. 초등학교 저학년 때 담임이 "아버지 있는 사람 손 들어요. 또 어머니 있는 사람도 손 들고요"라고 했다지요? 당신은 '아버지 있는 사람'이라는 질문에 손을 번쩍 들었다고 했어요.

그때는 학교에서 학생들에게 왜 그런 질문을 아무렇지도 않게 공개적으로 했을까요?

며칠 후 담임이 가정방문을 왔지요. 어머니는 담임에게 아이의 아버지는 한국전쟁 당시 지리산 전투에서 북한군과 맞서 싸우다가 전사했다고 했지요. 당신은 거짓말이 탄로 난 순간 부끄러워 돼지우리에 숨었었다고 했어요. 잠시 후 돼지우리에 숨어 있는 아들을 발견한 어머니는 아들을 꼬옥 껴안아 주었다고 했지요.

어머니는 평생 국가유공자의 아내로, 또 목회자의 어머니로 품위를 지키셨습니다.

당신은 거짓말을 한 것이 아닙니다. 오죽 아버지가 그리웠으면 손을 번쩍 들었을까요.

우리 교회 권사님이 40대 후반에 미망인이 되었는데 3년 동안 조문 왔던 사람 외에 그 누구에게도 남편이 없다는 이야기를 하지 않았다고 해요. 갑자기 혼자가 되었다는 사실이 혼란스러워 그렇게 했다고 합니다. 지금 여든이 넘은 그 권사님도 그때 거짓말한 것이 아닙니다. 혼자가 되었다는 것이 얼마나 힘이 들었으면 자기방어(Self Protection)를 하며 자신을 보호하고 싶었을까요.

나도 그렇습니다. 잠에서 깨어나면 내가 이제 혼자라는 사실에 화들짝 놀라 '이 상황이 뭐지?'라고 되묻곤 합니다.

내가 믿음이 없어서도 아니요, 내세의 소망을 믿지 않아서도 아닙니다. 나는 〈사도신경〉의 마지막 부분인 "몸의 부활과 영생을 믿습니다"라는 구절을 무척 좋아합니다. 천국의 소망이야말로 우리의 믿음을 붙잡는 끈이니까요.

이런 내가 당신의 부재를 인정하고 싶지 않은 것은 그리움 때문입니다. 그리움이 밀물처럼 밀려오면 속에서 천불이 나서 가만히 앉아 있기가 힘이 듭니다. 숨이 막힐 때마다 가슴이 답답해져 두 손으로 가슴을 두드리고 등을 두드려 줘야 숨통이 조금 트이는 것 같아요. 사랑하는 사람의 부재가 아직 인식 안으로 들어오지 않기 때문에 예전에 전혀 없던 증상이 생기는 것 같습니다.

엊그제까지만 해도 옆에 멀쩡히 있던 사람이 하루아침에 작별인사도 없이 사라져, 내 마음이 아직 거짓말 같은 그 사실을 받아들일 준비가 되어 있지 않습니다. 이러는 나도 언젠가는 당신이 내 곁에 없다는 사실을 수용하겠지요. 그러나 아직은 때가 아닌 것 같네요.

가끔 세상의 짐 다 내려놓고 이제는 하늘에서 편히 휴식을 취하고 있는 당신이 행복하겠다는 생각을 합니다. 그곳에서는 이 땅에서 있었던 일 따위는 생각지도 않는다면서요?

그러나 남아 있는 사람의 고통을 아십니까? 그리움이 몰려올 때의 전율을 아시나요?

31년 전에 사별을 경험한 모 권사님이 어느 날 "혼자가 되니 생각했던 것보다 훨씬 다르지요?"라고 말하더군요. 권사님 말이 맞아요. 낯선 감정이 몰려올 때의 당혹감은 내가 서 있는 땅이 폭뢰를 맞아 산산조각이 난 느낌입니다.

사람은 시간의 차이는 있지만 누구나 다 죽을 수밖에 없는 유한적인 존재이지요. 그러나 상실 이전과 이후의 삶이 180도 다르다는 것이 나를 몹시 당황스럽게 하고 있어요.

일본 작가 '엔도 슈사쿠'가 쓴 글의 한 문장이 요즘 내 마음을 대변해 주는 듯하네요. "익숙한 길을 걸어도 사방이 낯설다"

얼마만큼의 시간이 지나야 이런 어색한 감정에서 벗어날 수 있을까요?

당신이 약혼 시절에 내게 보내온 편지 내용 중에 "나에게 예속된 영광이나 화려함도 당신이 없으면 아무 의미가 없다"라는 문장이 있어요. 사실입니다. 함께 꿈꾸던 미래가 이제는 반쪽만 남아 있다고 생각하니 자꾸 판단에 혼선이 생기고 앞날에 대한 불안함이 마음을 뚫고 들어옵니다.

  모 권사님은 40대 후반에 혼자된 사실을 3년 동안 주위에 알리지 않았다고 했습니다. 나는 이 말에 백 퍼센트 동감합니다. 그러나 나의 지금의 생각이 잘못되었다거나 거짓말이라고 생각지 않습니다. 이것이야말로 오늘 하루도 내가 살아갈 수 있는 최선의 방법이니까요.

흐린 날은 마음도
회색빛입니다

　내 안에서 전혀 움직임이 없던 시간이 잔잔한 시냇물처럼 조용히 흐르고 있네요. 당신이 떠나던 날(2023년 9월 4일 새벽 1시 47분)은 낮에는 더웠지만 아침저녁으로 제법 서늘한 기운이 감돌았지요. 그러나 지금은 완연한 늦가을로 접어들어 몸에 닿는 바람이 차게 느껴집니다.

　오늘은 날씨가 진종일 흐리네요. 회색빛 날씨가 몸과 마음을 가라앉게 하는 오후에 박○○ 씨가 전화했어요. 그녀는 우리의 결혼식에서 축가를 불렀지요. 지금 생각하니 '여호와는 나의 목자시니'를 불렀던 것 같습니다.

당신의 모(母)교회인 경주 J 교회 담임 목사님의 딸이지요. 성격이 명랑하고 붙임성이 있다고 들었어요. 올봄에 당신과 통화하며 "11월에 경주에서 만나자고 했는데…"라고 하네요.

당신의 소식을 듣고 청천벽력 같다며 어쩔 줄 몰라 당황해했습니다. 그녀의 오빠(당신의 절친이지요)는 작년에 아내를 폐암으로 잃었지요. 상실의 슬픔을 치료하는 약은 그 어디에도 없는데 그분도 아내를 먼저 하늘로 보내고 아파할 생각을 하니 마음이 편치 않아요.

당신이 그 친구의 소식을 듣고 작년에 그에게 몇 번씩 전화해도 매번 부재중이라는 메시지만 돌아왔지요. 그때의 심정을 나는 지금 이해합니다. 주위의 위로가 절실하기도 하지만 혼자 있을 시간이 필요하지요.

인간의 힘으로는 전혀 손을 쓸 수 없는 죽음의 세계, 생과 사의 갈림길에서 그 누구도 자유로울 수 없기에 늘 준비하고 살아야 하지만 막상 나의 일이 되면 당황하게 되고 절대로 사실을 인정하고 싶지가 않지요.

가장 가까이 있던 사람이 이 세상 그 어디에도 없다는 생각이 몰려올 때의 당혹감은 그 어떤 말로도 위로가 될 수 없기 때문입니다.

사랑하는 사람의 따뜻한 손길을 느끼고 싶을 때의 간절한 마음과 이제 더 이상 그 사람이 이 세상에 없다는 허탈함이 다가올 때의 심정은 경험해 보지 않고는 어떤 모양으로도 표현이 되지 않지요.

내가 오늘 그랬습니다. 내 옆에서 속삭이는 당신의 목소리를 듣고 싶어 청각을 비롯한 오장육부가 꿈틀거리고 있어요. 이제 소박한 이 작은 소망조차도 체념할 수밖에 없는 현실이 싫었습니다.

나는 요즘 내 주변에서 벌어지고 있는 일들이 남의 일처럼 느껴집니다. 얼마만큼의 시간이 지나야 관심이 가고 내 얼굴에도 웃음꽃이 피어날까요? 당신의 따뜻한 체온이 몹시도 그리운 날입니다.

당신을
보고 왔어요

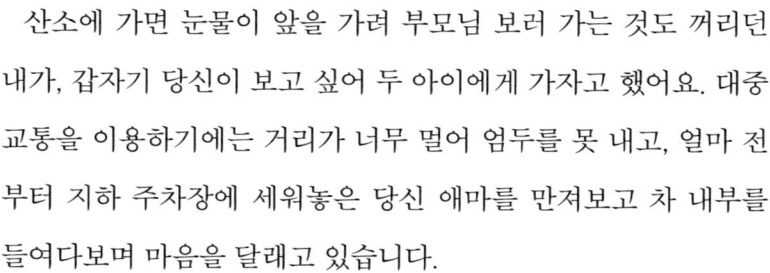

  산소에 가면 눈물이 앞을 가려 부모님 보러 가는 것도 꺼리던 내가, 갑자기 당신이 보고 싶어 두 아이에게 가자고 했어요. 대중교통을 이용하기에는 거리가 너무 멀어 엄두를 못 내고, 얼마 전부터 지하 주차장에 세워놓은 당신 애마를 만져보고 차 내부를 들여다보며 마음을 달래고 있습니다.

  8월 초에 당신과 함께 차를 타고 드라이브를 한 것이 마지막이었군요. 그날 이후로 석 달 만에 승차했습니다. 당신과의 추억이 눈에 아른거리더니 누선이 터진 듯 애꿎은 눈물이 볼을 타고 흘러내립니다. 두 아이가 눈치채지 못하게 하느라 몸과 마음이 안

절부절못하네요.

눈이 오려는지 하늘이 손에 잡힐 듯 낮게 내려앉았어요. 집에서 약 한 시간 정도를 달려 부활의 동산에 도착했지요.

차디찬 진회색빛 대리석 비석이 말없이 방문객을 맞이하는 이곳 '부활의 동산'….

당신은 목회할 때 늘 "교회는 교인들을 요람에서 무덤까지 책임져야 한다"고 강조했었죠.

90년대 어느 해 여름에 미국 연수를 하던 중 알링턴 국립묘지에 들른 적이 있지요. 대리석 비석으로 덮은 케네디 대통령 일가의 평장 묘를 보고 아이디어를 얻어 지금의 '부활의 동산'을 조성했죠.

30여 년 전만 해도 우리나라의 전통적인 장묘문화는 매장이었어요. 사회적인 분위기가 화장(火葬)에 거부감을 안겨주던 때여서 반대도 있었지만 결국 당신의 손길을 통해 하나님이 일하셨습니다. 지금은 교인들이 다른 곳에 모셨던 부모님의 무덤을 부활의 동산으로 이장할 정도로 많은 이들이 이용하고 있지요.

돌비에 새겨진 이름을 하나하나 눈으로 새기며, 고인의 평소 이미지를 생각하고, 비석의 주인공이 생전에 했던 말도 떠올리며, 앞으로 걸어갑니다. 내가 고인이 된 교인들의 이름을 거의 기억하고 있어 얼마나 다행인지 모릅니다.

우리 가정을 하나님의 종의 가정으로 알고 극진히 섬겼던 귀한 분들입니다. 그들의 영혼은 이미 영원한 본향 하늘나라에서 안식을 취하고 이곳엔 육신의 흔적만 있지요.

먼저 간 교인들의 사랑을 떠올리며 걷다가 제일 위쪽에 자리한 당신 자리까지 왔습니다. "예수 잘 믿는 것이 최고의 복임을 보여 주신 우리 부모님"이라고, 두 딸이 쓴 묘비명이 눈에 들어오네요.

맞아요. 묘비명처럼 당신은 진정한 목회자로 살다가 하늘로 갔습니다. 하나님의 부름을 받기 전에 당신의 행적을 더듬어 보면 선교사를 만나서 선교 현장의 이야기를 들으며 기도해 주었지요.

그로부터 불과 며칠 뒤에 코로나19 후유증으로 병원에 입원해서도 당신을 돌보던 간병인을 전도했지요.

두 아이가 병문안 왔을 때는 "이 땅에서 예수 잘 믿다가 하나님 앞에 서는 것만큼 큰 복은 없다"라고 했는데, 그 말이 묘비명이 되었네요. 지금도 당신이 또박또박 힘 있게 말하던 모습이 내 두 귀에 쟁쟁하게 남아 있어요.

주위를 둘러보니 농원을 하던 친정아버지가, 부활의 동산을 묘지로 조성할 때 주목 나무 10여 그루를 헌수하셨는데 그게 안 보여요. '살아 천 년, 죽어 천 년 산다는 나무의 의미처럼 참 귀한 상록수인데 다른 곳으로 옮겼나 봐요? 당신이 이곳에 올 때마다 주목을 사진 찍어 아버지께 전송하던 기억이 떠오르네요.

오늘, 내 임을 이렇게 보고 있으니 그리움이 흩어지는 것이 아니라 마음속으로 모여드는 것 같아요. 당신과 내가 있는 세계가 다르지만 나도 가까운 장래에 영원한 그곳으로 하루빨리 가고 싶다는 소망이 생깁니다.

지금은 이름 그대로 박대훈만의 반쪽 지묘이지만 가까운 날에 전숙희와 함께 온전한 하나가 될 것입니다. 우리는 죽어서도 함께 묻힐 것을 태곳적부터 약속했으니까요.

묘지에 서서 내 임을 다시 생각합니다. 당신은 하나님께서 주신 사명을 잘 감당했습니다. 그래서 내 사랑 당신이 정말 자랑스럽습니다. 이제 나도 주님이 내게 부여하신 기도의 사명을 잘 감당하다가 하나님 앞에 설 것입니다. 당신의 유지를 잘 지키기 위해 기도의 무릎을 꿇으며 하나님께 지혜를 구해야 하겠지요.

슬프다는 이유로 부모님 산소에도 가지 않던 내가 당신을 보고 와서 이제야 철이 드나 봅니다.

우리는 묘소에 와서 고인의 생전의 모습을 기억하며 그리워하고 또 그가 이룩했던 업적을 생각하며 감사한 마음을 갖게 되지요. 언젠가 우리도 이곳에 묻힐 테니까요.

교인들의 비석을 들여다보며 누군가의 기억 속에 참 좋은 사람으로 남고 싶다는 작은 소망을 품어봅니다. 당신처럼 말입니다. 이제 내 마음속에 깊이 자리하고 있는 당신과 함께 삶의 현장으로 뛰어갑니다. 혼자인 줄 알았는데 내 사랑 당신과 함께였습니다. 오늘 나의 임을 보러 오기 잘했어요.

정물 같은 느낌
아시나요?

　10월로 들어서니 아파트 중앙정원에 있는 나무마다 하루가 다르게 곱게 단풍이 드네요. 나는 빨간 단풍나무는 자주 보았지만 노란 단풍나무는 처음 보아요. 작년에도 있었을 텐데 오늘에야 눈에 들어왔어요. 노란색 잎에 햇살이 부딪치면 황금 잎새의 가녀린 떨림에서 마치 새들의 합창 소리가 들리는 듯합니다.

　단풍나무 두 그루가 마주 서 있는 모습이 마치 금슬 좋은 부부의 모습처럼 아름답습니다. 당신은 거실에 앉아 시시각각 변하는 사계의 순환을 바라보며 무척 행복해했지요. 그리고는 "하나님, 좋은 아파트 주셔서 감사합니다"라고 순간순간 기도하며 찬양했어요. 아파트 주변 환경이 마음에 든다고 흐뭇해하던 당신이었는데 하나님이 부르시니 좋아하던 것을 다 두고 홀연히 하늘로 떠났네요.

하루가 가고 이틀이 지나도 당신이 쓰던 책상은 병원에 입원하기 전에 정리해 놓은 그대로 움직임이 전혀 없습니다. 사람의 발길이 전혀 닿지 않은 무인도가 이럴까요? 무정물처럼 정지된 상태가 낯설게 느껴지기도 합니다.

욕실에서 체감하는 고독은 어떻고요. 나는 치약을 짤 때 중간부터 짜는 버릇이 있는데 당신은 항상 그것을 끝에서부터 짜서 알뜰하게 사용했지요. 이제는 치약을 중간부터 짜도 누가 말하는 사람도 없고 바로 해놓는 사람도 없습니다.

엊저녁에 머리 염색을 하고, 남은 염색 튜브가 그대로 어질러져 있어도 제자리에 놓으라고 말하는 이가 없네요. 집 안 구석구석에 움직임이 전혀 없는 상태가 낯설게 느껴져요.

당신의 손길이 닿기만 하면 집 안에 있는 무정물도 유정물의 느낌이 들었지요. 세계지도에 우리가 다녀온 나라마다 스티커를 하나하나 붙이는 순간, 평면이었던 지도가 춤을 추었지요.

우리가 함께 찍었던 사진도 계절에 맞춰 다시 배치하면 새로운 느낌을 주었고요. 화분도 무시로 분갈이해 생명의 신비를 보는 즐거움을 안겨주었어요.

소박한 우리 집 구석구석에 내 임의 손길이 한번 닿으면 순식간에 모든 것이 변했지요.

그러나 지금은 집 안 구석뿐 아니라 생명체인 우리도 졸지에 가장을 잃고 슬픔의 갑옷을 두껍게 입고 있습니다. 그래서 우리의 생각도 행동도 감각이 없습니다. 얼마의 시간이 지나야 죽었던 신경이 되살아나고 혈액이 돌아 모든 것이 제자리를 찾을 수 있을까요?

무정물의 침묵이 계속되고 있는 우리 집에 아우가 온다고 연락이 왔어요. 갑자기 집 안 분위기가 생동감이 넘치네요.

여보! 하늘에서도 당신의 처제가 오는 것을 알고 있나요?

갑자기 예전에 보았던 일본 영화 '러브레터'의 내용이 생각납니다. 연인을 잃고 혼자 남은 여인이 하늘을 향해 "오겡끼데스카(잘 계시나요)?"라고 목이 터지게 소리 지르며 애인의 안부를 묻습니다.

나도 이 시간 그리운 당신에게 "그곳에서 잘 지내고 있나요?"라고 안부를 묻습니다. 갑자기 보고 싶다는 생각에 빠져들면 속에서 그리움이 치밀어 올라 마음을 가눌 수 없게 됩니다.

내가 사는 지구와 당신이 있는 그곳은 몇 광년이나 떨어져 있을까요? 하루, 이틀, 사흘, 나흘, 손으로 헤아리며 하늘 사다리에 오르다 보면 나도 당신이 있는 그 나라에 다다를 수 있겠지요. 그때까지 당신의 아내답게 잘 살다 가겠습니다. 지켜봐 주세요.

생일

여보!

오늘이 '당신의 사랑 숙희의 생일'입니다. 책상에 놓여 있는 탁상 달력에 '아내의 생일'이라고 오래전에 기록한 것을 12월 달력을 넘기다 발견하고 흐느꼈던 적이 있어요. 혹시 그날을 잊어버리기라도 할까 봐 날짜 위에 붉은색 볼펜으로 동그랗게 표시까지 해두었네요.

#1.

어제는 박○○ 교수님 내외분이 부천에서 내 생일을 축하하기 위해 청주에 오셨어요. 당신과 박 교수님의 변함없는 우정과 인연이 지금까지 이어진 덕분이지요. 사모님과 나도 기도의 동역자가 되어 아름다운 교제를 나누고 있는 것을, 당신도 이미 알고 있지요? 벌써 3년째 두 분은 내 생일을 기억하고 청주에 오시네요.

당신이 하늘로 거처를 옮기고 난 후, 우리 가족은 비장이 갈기갈기 찢어지는 것 같은 아픔의 나날을 보내고 있어요. 솔직히 당신 없는 세상에서 처음 맞이하는 생일이지만 그깟 생일이 다 무슨 소용인가 싶습니다. 그러나 하나님은 슬픔의 늪에 빠진 나를 위해 한 줄기 빛처럼 천사를 보내 위로해 주시네요.

박 교수님이 나를 위해 얼마나 간절히 기도해 주시던지요. 사모님은 이번에도 꽃다발은 물론이고 밑반찬까지 바리바리 만들어 오셨어요. 작년에 당신이, 사모님이 만든 동치미와 밀고기를 맛있게 들던 생각이 갑자기 나네요. 올해도(2024년 10월 31일) 두 분이 청주에 오신다고 연락이 왔어요. 박 교수님 내외분의 마음이 감사하기만 합니다.

박 교수님 내외분이 함께 늙어가는 모습이 참 보기 좋았어요. 서로 그윽하게 쳐다보며 미소 짓고 있는 노부부를 보며 당신에게 나는 어떤 아내였을까 생각해 봅니다. 당신보다 나이가 많이 아래(?)라는 이유로 항상 투정만 부렸지요. 그러나 당신은 철없는 나를 평생 예뻐해 주던 아내 바보였어요.

  사랑하는 내 임이 하늘로 거처를 옮긴 이후 나는 요즘 심신이 많이 지쳐 있고 허전합니다. 이것은 믿음이 없어서도 아니고 해후의 소망을 믿지 않아서도 아닙니다. 다만 낯섦 때문입니다. 이 느낌이 하루에도 몇 번씩 내 삶을 휘청이게 합니다.

#2.

  나의 임이 곁에 있었다면 아침 일찍 잠자리에서 눈을 뜨자마자, "사랑하는 우리 집 큰아기 생일 축하해요"라고 아침 인사를 나누었을 텐데, 이제 그 어디에 눈길을 주어도 당신은 보이지 않습니다. 사진 속에서 웃고 있는 당신 모습을 보니 뼈가 녹아내리듯이 온몸에 기운이 빠져 휘청이네요. 내가 이 땅에서 살아가는 날 동안 겪어야 하는 이 허전함은 언제 끝이 날까요?

  애들이 알면 걱정할까 봐 아무렇지도 않은 듯 웃으며 거실로 나오자 두 아이가 "엄마, 생일을 축하해요!"라고 외치며 박수하고 포옹을 하네요. 순간 정신이 번쩍 들었습니다. 나에게는 지켜주어야 할 두 아이가 있었지? 당신과 나의 분신인 보물 같은 두 아이가 거목처럼 느껴지는 생일입니다.

친정 아우들은 자신들이 언니와 누나의 생일 선물이라며 J 시에서 청주까지 왔어요. 먼 길 마다하지 않고 시간을 내준 혈육이 참 고맙네요. 당신의 혈육이기도 하지요. 평소에 처남이나 처제를 친동기간처럼 생각했으니까요.

당신이 하늘로 가고 난 후 정말 오랜만에 우리 집에 웃음꽃이 피었어요. 하하 호호하며 회포를 풀었지요. 슬픔의 시간이 잠시 길을 멈추고, 활기찬 공기가 집 안 가득 채워지고 있습니다.

이 모습 보고 있지요? 우리가 웃으니 좋지요? 이렇게 우리는 어느 날은 웃고 또 어느 때는 흐느껴 울기도 하고 때로는 여기저기에 있는 가장의 흔적을 보고 넋이 나간 듯 그 자리에 주저앉을 때도 있지만, 그래도 주어진 삶을 잘 소화하려고 애쓰고 있어요.

두 아이가 '한정식 식당'에서 우리를 대접하네요. 보리굴비를 먹으며 당신 생각을 했습니다. 당신은 생선을 참 좋아했지요. 특히 갈치를 굽거나 조리는 날은 밥을 더 들었어요. 그런 당신이 코로나19에 감염되고 난 후에는 그렇게 좋아하던 생선 맛이 쓰다고 하며 거의 식사를 하지 못했어요. 생각하기도 싫은 안타까운 시간이었습니다. 내 임이 하늘로 가고 난 후 몇 달 동안, 당신 생각이 나서 집에서 거의 생선요리를 안 한 것 같네요.

우리는 식사를 마치고 카페로 자리를 옮겼지요. 발 디딜 틈이 없을 정도로 수많은 사람이 담소를 나누고 있네요. '이곳에 있는 사람들은 다 행복할까?'라는 질문을 혼자 해봅니다. 일면식도 없는 사람들이지만 행복하길 바라는 마음입니다.

우리는 커피를 마시며 이야기를 하다가 눈시울을 붉히기도 하고 웃기도 하며 당신 이야기를 자연스레 했지요. 마치 곁에 있는 것처럼 말입니다. 그러다 어느 순간 무너지기도 하지만…. 그러면서 어느 날 마음이 조금 더 단단해지기를 바라고 있어요.

내가 죽을힘을 다해 글을 쓰는 이유는 당신과의 기억이 너무도 소중하기 때문에 소소한 것 하나까지도 잊고 싶지 않아서입니다. 파도처럼 밀려오는 슬픔을 나만의 방법인 글쓰기로 겪어낸다고나 할까요?

나는 화장대로 쓰고 있는 가로 110cm, 세로 42cm의 책상에서 글을 쓰고 있지요. 우리 집에서 나에게 가장 의미 있는 곳이기도 합니다. 왜냐하면 글을 쓰며 당신을 더 가까이서 만나고 느낄 수 있으니 '최고의 애도 공간'이라고 할 수 있지요.

오늘 당신의 아내는 생일을 행복하게 잘 보냈어요. 사랑하는 사람의 부재는 그 어떤 것으로도 채워질 수 없는 아픔이라고 할 수 있지만 당신은 내 온몸 속에 언제나 함께 있기에 오늘도 버틸 수 있습니다.

어느 자료에 보니 지금까지 지구상에 태어난 인구는 1천80억 명이고 현재 전 세계 인구는 81억 명이라고 합니다. 이 많은 사람 중에서 나의 사랑은 오직 당신 한 사람뿐입니다. 그래서 더 애간장이 녹아내리고 있습니다. 그 어느 해보다 당신이 더 많이 그리운 내 생일입니다.

#3.

올해의 내 생일은 특별히 길게 이어지고 있네요. 생일잔치(?)를 하고 한 주가 지난 오늘, 교회 권사님들 몇몇이 모여 생일 케이크까지 준비해 주시고 축하해 주었어요.

당신이 한결같은 마음으로 사랑했던 교인들의 얼굴이 마치 천사처럼 느껴져 하나님이 마련해 주신 자리라는 생각이 언뜻 들었습니다.

예수님의 이름으로 구원받은 우리가 장차 갈 곳, 지금 당신이 있는 천국이 이렇지 않을까요? 교인들끼리 서로 격려하며 배려하고 기도로 중보하며 위로해 주는 아름다운 풍경 속에서, 나는 오늘 이 자리에서 천국을 미리 앞당겨서 볼 수 있는 복을 누렸습니다.

"모든 눈물을 그 눈에서 닦아주시니 다시는 사망이 없고
애통하는 것이나 곡하는 것이나 아픈 것이 있지 아니하리니
처음 것들이 다 지나갔음이러라 (<요한계시록> 21장 4절)"

오늘 모인 일곱 명 권사님들의 개인사 속에는 한결같이 진한 아픔이 온몸을 휘감고 있는 듯했습니다. 그러나 모두 하나님의 은혜로 여기까지 온 것이 감사할 뿐이라고 입을 모았지요.

모 권사님은 갑자기 암 진단을 받고 충격이 클 텐데, 지금까지 지켜주신 은혜가 감사하다고 했어요. 어느 분은 남편과 사별한 이후 남편과 관련된 기념일이 돌아오면 한 주간을 꼬박 몸져눕게 된대요. 이런 아픔을 안고서도 믿음을 지킬 수 있는 것이야말로 주님의 은혜이지요.

당신도 흐뭇하지요? 그토록 사랑했던 교인들이 신앙의 힘으로 세상의 온갖 어려움을 이기고 있는 것 말입니다.

나는 권사님들과 자리를 함께하며 순교에 대해 잠시 생각해 보았어요. 그리스도를 전하다 목숨을 잃은 것이야말로 진정 순교라고 배웠습니다. 우리가 예수님을 믿게 된 것은 누군가 그리스도를 전했고 또 기독교 초창기에 복음을 전하다 순교의 자리까지 갔던 선교사들 때문입니다.

내 생각이 신학적으로 맞지 않을 수도 있지만, 지금 이곳에 함께한 권사님들이 저마다 견디기 어려운 인생의 고비 고비에서 믿음을 포기하지 않은 것이야말로 '또 다른 순교의 모습'이라고 감히 말하고 싶어요.

당신을 비롯해 이 땅에 많은 목회자들이 지금도 각자의 목양지에서 그리스도 예수를 목숨 걸고 전하는 것도 나는 어떤 면에서 순교라고 생각하고 있습니다. 내가 이렇게 말할 수 있는 것은 당신의 목회 사역을 평생 곁에서 지켜보았기 때문입니다. 결코 아무나 할 수 없는 이 일을 당신은 신실하게 감당했습니다. 그렇기 때문에 주님의 명령에 철저히 순종한 당신이 참 대단하게 느껴지는 오늘입니다.

글의 서두에 권사님들의 모습을 보고 당신이 있는 천국을 미리 앞당겨서 보았다고 했지요? 그 이유는 서로 사랑하는 마음만 존재하는 하늘의 풍경이 내 마음에 파노라마처럼 펼쳐졌기 때문입니다.

오늘도 못 견디게 그리운 당신!

지금 나에게 닥친 참담한 이 슬픔의 시간을 권사님들처럼 잘 통과하고 싶습니다. 그리고 하나님께 길을 물으며 내게 주신 사명이 무엇인지 기도하겠습니다.

신앙의 종착지 천국에서 내 임을 다시 만날 때까지, 당신처럼 하나님께 철저히 순종하며 살겠습니다.

당신 없이 맞이하는
첫 번째 성탄절

　카자흐스탄 선교사로 사역하고 있는 E 사모님이 그 나라 남쪽 기슭에 위치한 도시 알마티의 '크리스마스 풍경'이라고 하며 영상을 보내왔어요. 그곳은 겨울이 무척 아름다운 곳이라고 하네요. 배경음악으로 캐럴이 잔잔히 흐르고 눈 속에 파묻힌 선교센터의 전경이 펼쳐지는데 마치 언젠가 꿈속에서 보았던 것 같이 느껴져, 영상을 여러 번 반복해서 틀었습니다. 나도 모르게 빨려 들어갈 것 같은 몽환적인 분위기가 지금도 눈에 선해요.

　대형 백화점들은 크리스마스 장식을 화려하게 꾸미기 위해 1년 전부터 준비한다고 합니다. LED로 연출하는 미디어 파사드

(Media Facade) 점등은 보는 즐거움과 함께 많은 이들을 설레고 행복하게 해주지요.

우리 집도 작년(2022년)까지 성탄절 한 달 전부터 트리 장식을 꺼내 조명을 밝히고 오르골에 태엽을 감아 온 집 안에 하루 종일 캐럴이 울려 퍼지게 했지요.

더 신나고 즐거웠던 것은 피아노를 치는 산타 할아버지 인형의 스위치를 누르면 "흰 눈 사이로 썰매를 타고…"의 캐럴이 요란하게 온 집 안을 깨우고 현관문의 비밀번호 누르는 소리가 들리면, 당신은 복도에서 90도 절을 하며 귀가하는 가족들을 왕처럼 맞아주었어요.

우리 가족은 오랜만에 만난 사람들처럼 서로 포옹한 후에 손에 손을 잡고 식탁에 앉아 감사기도를 드렸지요. 소박하지만 우리가 누리는 성탄절의 작은 호사(?)로 모두가 행복했습니다. 이날은 원수(?)도 사랑할 것 같은 여유로운 마음도 보너스로 따라왔지요.

그런데 당신이 하늘로 가고 처음 맞이하는 올해 성탄절은, 주변이 아무리 요란하고 화려해도 눈길조차 가지 않고 전혀 마음이 흥분되지 않아요. 성탄절 트리는 물론 오르골에도 손이 가지 않습니다.

다만 당신이 얼마나 우리 가족을 사랑하는 가장이었다는 것만

오롯이 떠오르는 성탄절 전야입니다. 건장한 체구의 내 임이 집 안 곳곳에서 부드러운 미소로 우리를 보듬던 모습만이 온 집 안에 캐럴처럼 잔잔히 흐르고 있습니다.

저녁에 우리 세 식구가 식탁에 마주 앉아 "아빠는 선천적으로 부드러운 사람이었어요. 가족만 아니라 교인들도 공평하게 사랑하셨으니까요"라고 이구동성으로 말했지요. 맞아요. 당신은 솜사탕처럼 부드럽고 순수했어요.

교인들이 당신을 추억할 때 "목사님께 분에 넘치는 사랑을 받았다"라고 이구동성으로 말하고 있습니다. 당신 소식을 듣고 진정으로 안타까워하는 교인들의 얼굴에 그리움이 출렁입니다.

나는 요즘 당신을 잃은 슬픔이 너무 크게 다가와 우리가 나누었던 수많은 일을 까맣게 잊어버렸습니다. 사랑하는 내 임과 함께라서 눈물이 날 정도로 찬란하고 아름다웠던 일들을 말입니다.

당신과 보냈던 성탄절의 기억 속에는 설렘이 숨을 쉬고 있습니다. 순백의 알마티의 성탄절처럼 몽환적인 풍경도 있었고 대형 백화점의 트리 장식처럼 화려하고 또 어느 때는 난로처럼 따뜻해 행복한 분위기를 자아내는 풍경도 있었지요.

47년 전 우리가 결혼하고 처음 맞은 성탄절은 당신이 성남시에 있는 한 교회에서 한국 십자군 전도대(OMS) 대원으로 파송되어 사역할 때였어요. 규모가 작은 교회였는데 목사님이 참 순수했던 것으로 기억됩니다.

 지금 생각해 보니 하나님은 그 후로 지금까지 보낸 성탄절뿐 아니라, 숨 쉬는 순간마다 우리와 함께하셨던 것을 느낄 수 있었지요.

 하나님은 지금도 '왜?'라는 물음표를 던지고 있는 나에게, 2023년의 성탄절에도 어김없이 친히 찾아오셔서 우리 가족을 잠잠히 위로하고 계십니다. 너무 슬퍼서 영원히 빠져나올 수 없을 것 같은 애도의 순간도 시간이 지나면 어느 날 서서히 출구가 보이겠지요? 나는 이 슬픔의 시간을 잘 통과할 수 있다고 믿고 있습니다.

 이제부터는 당신을 만나서 이 세상 그 누구보다 더 많이 사랑받으며 살았던 결혼 47년의 세월을 기억할 것입니다. 당신과 함께했던 아름다운 추억을 길어 올리며, 어느 날 살포시 웃고 있는 나를 상상해 봅니다.

 나에게 오직 단 한 사람, 당신과 함께라서 더 소중한 추억들입니다. 살며 사랑했던 수많은 날을 하나둘 세어보는 것만으로도 나의 남은 생애가 부족할 것입니다.

 주님이 그렇게 해주실 것입니다. 자연스레 그 시간이 올 때까지 기다릴 것입니다. 이것이 그리운 나의 임 없이 맞이하는 첫 번째 성탄절에 주님이 주신 위로의 선물입니다.

 사랑하는 사람이여! 메리 크리스마스!

참 좋으신
하나님께

저는 칠십 평생 살면서 하나님께 편지 쓰는 것은 이번이 처음인 것 같습니다. 물론 기도도 다른 방법의 편지 쓰기라고 할 수도 있겠지만요.

지난 8월에 우리 가족 모두 코로나19에 감염된 적이 있지요. 기침과 고열, 그리고 온몸에 근육통이 너무 심하게 나타날 때 나의 임이 "올 8월은 너무 잔인한 달이네"라고 말했어요. 그이는 더위를 심하게 타기 때문에 여름마다 무척 힘들어했지요. 더위로 인해 가만히 있어도 온몸이 무기력해지는데 고열까지 나니 말해 뭐 하겠어요.

그이는 이 땅에서 마지막 8월을 잔인하게 보내고 하늘로 이사 갔지요. 그곳에는 습하고 불쾌지수가 높은 여름철은 없겠지요? 나의 임은 여름을 제일 싫어했습니다.

사랑하는 내 임과 이렇게 이별할 줄 어디 상상이나 했을까요?
꿈에도 생각지 못했던 일이 갑자기 일어나 순간 우리 가족은 혼비백산했습니다.
그이의 서류를 정리하면서 이름 옆에 표기된 '사망'이라는 두 글자가 낯설어 애써 시선을 외면해 버렸지요.
너무 갑자기 당한 일이라 처음에는 눈물도 방향을 잃었는지 한 방울도 나지 않았습니다. 그러나 웬걸, 한 열흘쯤 지나니 누선에 호우경보가 발령될 정도로 눈물이 흘렀지요. 아마 하나님도 아실 것입니다. 제가 감정 조절이 잘 안되어, 앉았다 일어서기를 반복하며 서성이기도 하고 갑자기 새벽 1~2시에 잠에서 깨어 거실에서 창밖을 보며 꺼이꺼이 울었던 것을 기억하시지요? 거기다 수개월 동안 잠자는 방법조차도 잊어버린 사람처럼 불면증에 시달린 것도 아시지요?
세상이 모두 잠이 든 새벽에 창밖을 보며 드는 생각은 한마디로 '두려움'이었습니다. 이제부터 집안의 대소사 등을 나 혼자 결정해야만 하는 부담감에 짓눌려 숨을 제대로 쉴 수가 없었어요. 평생 가족밖에 모르던 가장이 갑자기 사라지고 졸지에 내가 가장이 되었습니다.

이 땅에 태어난 사람은 언젠가는 필연적으로 떠날 수밖에 없다는 사실을 알고 있지만 그것이 나의 일이 되고 보니 당황스럽고 참담한 기분이 들었지요. 그래서 하나님께 '왜?'라는 물음표만 반복적으로 던지게 되었습니다.

하나님께서도 아시겠지만, 그이는 선천적으로 건강함을 타고 났기 때문에 그깟 코로나19 정도는 거뜬히 물리치고 반드시 일어날 줄 알았습니다.

교인들과 주위의 목회자들이 합심해서 중보기도를 했지만 안타깝게도 하늘로 갔습니다. 이것을 볼 때 인간의 생명은 하나님의 주권 아래 있다는 것을 알 수 있습니다.

그렇지만 하나님의 큰 뜻을 알 수 없어 계속해서 물음표를 던졌습니다. 기도로 돕던 분 중에 너무 놀라서 잠깐 믿음의 끈을 내려놓은 분도 있다고 합니다. 물론 지금은 회복하셨어요. 저도 그랬습니다. 도돌이표의 노래를 부르듯 '왜?'라는 물음표를 지치지도 않고 던지다 결국은 하나님의 주권을 인정하게 되었지요.

그 후 영원히 침묵하실 것 같던 주님께서 잠잠히 저를 위로하고 계신 것도 느낄 수 있었습니다. 지금 겪고 있는 고통의 시간으로 인해 사랑하는 사람과 공유했던 47년간의 아름다웠던 기억을 잊으면 안 되겠다는 생각이 언뜻 들었습니다.

외모와는 달리 성격이 몹시 급한 저에게 하나님의 위로는 좀 느리긴 했지만 잠잠히 다가왔습니다. 이 점 깊이 감사드립니다.

이제 잔인하고 슬퍼서 기가 막혔던 2023년이 역사 속으로 사라지고 2024년 희망의 새해가 밝았습니다.

새해에 하나님께 소원이 있습니다. 나의 임을 데려가셨으니 이 땅에 남겨진 우리 세 모녀는 하나님이 지켜주셔야겠습니다. 성경에 기록된 하나님의 백성들에게 하셨던 것처럼 말입니다. 하나님의 뜻에 온전히 순종할 때 이런 복을 받을 수 있다는 것도 잘 알고 있습니다.

또 하나의 소원은 나의 임은 이미 하나님 품에서 안식을 취하고 있는 줄 압니다. 그이가 이 땅에서 하나님의 명령에 철저히 순종하며, 최선을 다해 목회 사역을 감당한 것은 잘 아시지요? 하늘에서는 너무 힘든 일 시키지 마세요.

그이는 이 땅에 살 때 주님께서 맡기신 양 떼들을 자신의 목숨처럼 사랑했거든요. 곁눈 한 번 팔지 않았어요. 제가 곁에서 47년간 보아서 잘 아는데 교인 한 사람 한 사람을 모두 공평하게 사랑했어요. 제가 보증합니다.

목회 사역에 최선을 다하느라 귀가하면 말할 수 없이 피곤해했습니다. 그런 그를 곁에서 지켜보는 것이 마음 아팠습니다. '사명에 순종하는 것이 저런 것이구나?' 하며 말입니다. 이튿날이 되면 툴툴 털고 또 목회 현장으로 즐겁게 달려 나갔지요. 이것이 제가 50년 가까이 지켜본 그의 모습입니다.

그이가 이 세상에서 주님의 사명을 잘 감당한 것처럼 저도 하나님의 명령에 순종하며 살겠습니다. 훗날 주님께서 저를 부르실 때 칭찬받는 종이 되게 도와주십시오. 그리고 제가 갈 때까지 제 남편 잘 부탁드립니다.

저는 아직 제 주위의 모든 것이 혼란스럽습니다. 미로를 헤매고 있는 것 같지만 '여호와 이레'의 하나님께서 앞서가셔서 제 길을 인도하시리라 믿고 있습니다.

나를 잠잠히 사랑하시며 위로하시는 하나님! 벼랑 끝에 서서 외치는 말은 "주님 도와주십시오"입니다. 솔직히 말씀드리자면 그이가 너무 보고 싶습니다. 이럴 땐 어떻게 해야 하나요?

그러나 제가 새해에도 나의 임처럼 믿음의 품위를 지키며 살게 해주십시오.

2024년 새해 첫날에 하나님께 쓴 편지를 외람되다 꾸짖지 마시고 읽어주시기 바랍니다.

사랑하는
나의 임이여!

여보!

당신이 하늘로 이사 가던 날은 무더웠던 8월을 보내고 막 9월로 접어들던 때였어요. 찌는 듯한 더위도 말복이 지나며 아침저녁으로 선선한 바람이 불었지요.

당신이 떠난 후에도 크로노스의 시간은 어김없이 우리 곁을 지나가고 있습니다. 하루 24시간이 자연스레 흐르고, 나는 습관처럼 한 달에 한 번씩 달력을 넘깁니다.

젊음이 용솟음치던 진녹색의 산은 이제 가을에 순순히 자리를 내어주고 온천지에 붉은 단풍이 타들어 가더니 어느새 낙엽이

한 잎 두 잎 떨어집니다.

　우리가 작년 가을에 손잡고 걸으며 발밑에 차이는 낙엽 소리를 듣고 '구루몽'의 시를 외우던 생각이 떠오르네요. 올가을에 혼자 치르는(?) 가을 행사는 '슬픔'이라고 말하고 싶습니다. 시 따위(시인들은 나의 무례를 용서하소서)를 읊는 것은 지금 나에게 사치일 뿐입니다.

　어느덧 나목 위에 상고대가 꽃처럼 피는 초겨울을 지나 이젠 흰 눈이 온 천지를 은색으로 도배하는 한겨울로 접어들었어요.
　당신을 잃고 상실감이 너무 커 자연스럽게 찾아오는 세상의 변화는 나와 아무 상관이 없는 일이 되어버렸습니다. 즐겁기는커녕 그 무엇에도 관심이 가지 않고 무력감만 겹겹이 쌓이는 것 같은 기분을 아십니까?
　당신은 이미 이 땅에서 즐겁게 하던 일들을 내려놓고 하나님이 계시는 천국의 시민이 되었는데 나는 못다 한 부부의 정이 아쉬워 이리도 애달파 하고 있습니다.
　이제 와 생각하니 당신이 갑자기 하늘의 별이 된 것은 다 내 잘못이었다는 생각이 듭니다. 우리가 함께 코로나19에 감염되었을 때, 나는 왜 당신을 충북대학교병원에 입원시키지 않았을까, 그렇게 했더라면 당신이 회복되지 않았을까? 지금 생각해 보면 다 부질없는 일인데도 나의 마음은 그때의 시간에 매몰되어 몹시

괴롭습니다.

당신이 코로나19에 감염되어 몹시 힘들던 어느 날 참치 넣고 끓인 김치찌개를 먹고 싶다고 했어요. 나는 그때 몸을 가눌 수 없을 정도로 근육통이 심해 당신에게 그 간단한 음식을 만들어 주지 못했지요. 미안합니다. 당신이 하늘로 가고 난 후 마음에 대못이 박혀 한동안 김치찌개를 먹는 것은 고사하고 쳐다보지도 못했습니다. 마음에 걸리는 것이 어디 김치찌개뿐일까요.

한날한시에 코로나19에 감염되었는데 지금은 나만 살아 있습니다. 이것을 생각하면 솔직히 미쳐버릴 것 같습니다. 왜 나만 남겨졌는지 앞으로 오랜 시간 이 문제로 죄책감에 시달리겠지요.

그리움에 멈춰버린 내 안의 시간은 미동이 없지만 물리적인 시간은 하루, 이틀, 사흘, 나흘, 어김없이 우리 곁을 스치고 지나가네요.

신기한 것은 절대로 줄지 않을 것 같던 쌀통의 쌀이 줄어들고 아침마다 당신과 내가 늘 한 잔씩 마셨던 두유 상자의 높이도 줄었어요. 아우는 오늘도 어김없이 "두유 떨어지지 않았나요?"라고 전화합니다. 형부가 두유 좋아하는 것을 기억하고 늘 채워놓곤 했지요.

당신이 가고 난 후 요즘 나 혼자 일상생활을 이어가는 데도 흐르는 시간과 함께 삶에 꼭 필요한 생활용품과 소모품들이 서서히 줄어드는 것을 보며 많은 생각을 하게 되네요.

내 삶의 흔적들을 들여다보며 그래도 살아야 한다고, 애도의 시간을 이겨보겠다고 애쓰고 있는 사실이 정말 슬퍼요. 그럴 때마다 당신은 떠나고, 지구라는 별에서 나만 홀로 남았다는 현실감이 더욱 낯설게 느껴져요.

당신이 떠나고 나는 한동안 심한 공황장애를 겪어 밀폐된 장소라든가 사람들이 밀집한 곳에 가는 것을 두려워했어요. 속이 울렁거리고 숨을 쉴 수 없을 정도로 가슴이 답답하고 갑자기 앞이 캄캄해지기도 했지요. 말로만 듣던 상황이 나에게 실제로 다가왔을 때의 당황스러움은 말로 다 표현할 수가 없습니다.

이렇게 몸과 마음이 심하게 요동칠 때는 무기력에 빠져버리고 맙니다. 불과 서너 달 전까지만 해도 애틋하게 서로를 바라보던 기억이 아직도 생생한데….

거기다 대인 기피증도 심해져 그 누구도 만나기 싫더라고요. 긴 시간 암흑 속에 매몰되어 지내다 요즘은 교인들과 가끔 만나고 있어요. 이 정도로 회복되기까지 가족은 물론이고 당신이 끔찍이도 사랑했던 서문교회 교인들의 위로가 나를 일으켜 세웠습니다.

나의 임이 하늘로 가고 난 후 요즘 죽음에 대해 깊이 생각하게 되네요. 한 가족에게 이것은 최고 강도의 지진이 덮친 것보다 더 참혹하고 혼돈된 상태의 연속이라고 말하고 싶습니다. 인간의 힘으로는 도저히 뚫고 나갈 수 없는 사건이라고 말할 수 있지요. '평안이 순식간에 파괴되었다'는 표현도 맞을 것 같아요.

지금도 당신이 이 세상 사람이 아니라는 거짓말 같은 사실에 깜짝깜짝 놀라며 나 혼자, 또는 두 아이와 함께 울면서 당신을 추억하고 있습니다. 81억 명 중 단 한 사람, 당신이라서 그렇습니다.

해가 기울면 당신이 집에 올 것만 같아 현관문의 비밀번호도 바꾸지 않고 그대로 두었어요. 책상에는 당신이 좋아하던 새해 수첩을 가지런히 놓았지요. 나는 사랑하는 사람의 지문이 지워질까 봐 당신이 아끼던 물건을 아직도 물걸레로 닦지 못하고 있습니다.

슬픔이 너무 진해 내 안에서 전혀 미동조차 하지 않던 시간이 흐르고 어느덧 새해가 되었습니다. 이렇듯 또 해가 바뀌고 시간이 지나면 많은 이들에게 당신은 잊히겠지요, 이미 다른 별에 살고 있으니까요. 어디 당신뿐이겠습니까? 나도 예외는 아닙니다. 누군가의 기억에서 잊어진다는 것은 당연한 것입니다.

그러나 나는, 이 세상을 떠나는 날까지 내 안에 생생하게 현존하는 내 임을 결코 잊을 수는 없을 것 같습니다. 당신은 바로 나 자신이기 때문이지요.

당신의 따뜻한 마음, 자애로운 눈빛, 하나님께 순종하는 철저한 사명감, 그리고 부드러운 미소와 추운 겨울에도 난로처럼 따뜻한 손의 감촉을 어찌 잊을 수 있을까요.

다만 어느 날 시간이 지나고 나면 슬픔의 크기가 다른 경험들과 섞여 조금씩 아주 조금씩 마음 한쪽에 재배치되어 축적될 것입니다. 그래야 살 수 있으니까요.

나는 이제 우리가 함께 만들었던 크고 작은 추억으로 내 남은 날들이 아름답게 숨 쉴 수 있기를 바라고 있습니다.

우리가 함께했던 추억 속에는 사계(四季)가 다 들어 있지요. 기쁜 것은 기쁜 대로 슬픈 것은 또 그 느낌대로 다 기억할 것입니다.

아내를 끔찍이도 사랑했던 내 사랑!

나는 이제 내 임이 남기고 간 사랑을 두레박으로 조금씩 퍼 올리며 세상을 향해 발자국을 떼고 있습니다. 혼자라서 많이 두렵지만 그때마다 당신의 따뜻한 손이 내 손을 잡고 있다는 것을 느끼며 지낼 것입니다. 혹시 내가 불안해하면 하나님께 탄원서를 올리세요. "하나님, 제 아내를 도와주세요"라고 말입니다.

당신이 하늘로 떠나고 난 후, 나는 요즘 습관처럼 〈요한계시록〉을 매일 읽고 있습니다. 읽어도 읽어도 이해가 되지 않던 구절을 이제는 외울 정도입니다. 당신이 그곳에서 생활하는 모습을 그리는 것이 나의 가장 소중한 일과 중 하나이기도 합니다.

내 사랑이여! '새 하늘과 새 땅'에서도 바쁜 일정을 보내고 있나요? 일전에 내가 하나님께 "제발 제 남편을 좀 쉬게 해주세요"라고 편지로 부탁드렸어요.

당신은 이 땅에서 목회 사역으로 너무 많은 땀방울을 흘렸지요. 사명에 순종했던 숭고한 일정들을 내가 다 기억하고 있습니다.

나는 이제 사랑하는 당신 만날 그날을 손꼽아 기다립니다. 나의 임이 사는 그곳을 사모하며 하나님이 나에게 맡기신 기도의 사명을 잘 감당할 수 있게 응원해 주세요.

내 사랑이여!

오늘도 임을 향한 그리움으로 밤을 지새웁니다.

천사가
다녀갔어요

 내 사랑 당신을 비롯해 이 세상에는 좋은 사람이 더 많다는 생각을 합니다. 지구라는 별이 인간들이 저지른 온갖 비리와 무질서 속에서도 무너지지 않고 유지되는 이유도 그것 때문이 아닐까요?

 당신이 하늘로 떠난 지 오늘로 벌써 넉 달이 되었네요. 120번의 낮과 밤이 지나는 동안 계절이 두 번 바뀌고 해도 바뀌었지만 내 안의 시간은 유리병 속에 갇힌 채 그리움으로 꼼짝도 안 하고 있습니다.

 인체의 모든 세포가 슬픔으로 가득해 망연자실해도 '세월은 이렇게 가는구나' 하고 상념에 사로잡혀 있는데 K 목사님(이하 K)에게 전화가 왔습니다. 나는 그들을 하나님이 나를 위해 보낸 천사로 부르겠습니다.

천사 가족은 자동차로 세 시간을 달려 청주까지 왔어요.

우리는 집 근처에 있는 조촐한 식당에서 점심을 먹으며 회포를 풀었지요. 오늘 우리의 대화 주제는 '당신'이었습니다. K는 당신이 교인들을 진심으로 사랑했던 일을 기억하며 자신의 목양지에서 그대로 실천하고 있다고 합니다. 참 고맙지요?

K는 서문교회에서 부교역자로 사역하며 박대훈 담임 목사님께 많은 것을 배웠다고 했어요. 그리고 이제는 조금씩 목회의 방향이 보여 즐겁다고도 했습니다. 당신은 평생 목회가 행복하다고 했지요. 하나님의 사랑은 멈추지 않고 이렇게 계속 이어진다고 생각하니 마음 깊은 곳에서 환희가 분수처럼 솟아올랐어요.

당신은 교인들을 대할 때 모든 사람에게 진심 어린 관심을 보였지요. 그들이 고통당할 때 자신의 일처럼 아파했어요. 그래서 목사님에게 사랑을 많이 받았다고 이구동성으로 회고하고 있습니다. 일평생 초심을 잃지 않으려고 긴장하며 사역했기에 집에 돌아오면 얼굴에 피곤한 기색이 역력해 바라보는 내내 안타까웠어요.

사랑하는 나의 임은 동역하던 부교역자들에게 목회 기술(?)을 가르친 것이 아니라 예수님의 '사랑'을 전수했지요. 젊은 그들이 자신의 목양지에서 배운 대로 실천하겠다고 하니 그들의 마음이 귀하고 귀합니다. 이렇게 순수한 목회자들로 인해 한국교회의 미래가 밝게 빛날 것입니다.

오늘 먼 길 마다하지 않고 달려와 기꺼이 나를 위로해 준 천사 가족으로 인해 나는 당신을 잃은 상실감 속에서도 꽤 오랜 시간 행복할 것 같아요. 아름다운 추억을 공유한다는 것은 행복한 일입니다.

천사 가족과 함께 당신의 이야기를 주고받으며 속으로 가슴이 미어졌지만 속절없이 슬프기만 한 것이 아니라 아지랑이 같은 기쁨이 살짝 고개를 내밀고 있음을 느꼈습니다. 나의 임이 사력을 다해 지켰던 목양의 아름다움이 누군가에게 전수되어 열매를 맺고 있기 때문이지요.

오늘 나를 위해 달려온 천사와 목회에 관한 이야기를 나누며 당신을 추억할 수 있기에 우리는 남이 아니라 바로 가족입니다.

K가 서문교회에 부임할 때 초등학생이던 첫째인 딸아이는 올해 고등학교에 입학했고 막내아들은 초등학교 5학년이 된다고 합니다.

K의 아들은 의젓하게 앉아 계속 핸드폰으로 뭔가 검색하고 있었어요. 그를 보며, 자연의 순리에 따라 시간이 가면 아이는 자라 어른이 되고 어른은 늙어 노인이 되고…. 이렇게 인생은 생성과

소멸을 반복하며 태초 이후로 하나님의 창조질서는 오늘도 계속되고 있다는 생각이 들었습니다. 그러다 어느 날 하나님이 부르시면 하던 일을 내려놓고 당신처럼 하늘로 이사 가지요.

식사 후에 찻집에서 차향을 맡으며 우리는 한 가족 같은 마음으로 사랑하는 사람을 추억하며 행복한 한때를 보냈습니다. 때로는 마주 보고 웃으며, 어느 순간엔 눈시울이 붉어져 서로 시선을 외면한 채, 미당 서정주의 시 〈푸르른 날〉의 시구처럼 그리운 사람을 그리워했습니다.

이 시간 K의 아름다운 아내가 내게 보낸 편지를 그대로 옮기며 글을 마무리하려고 합니다. 아울러 K가 평생 목회에 승리하기를 바라는 마음을 가득 담아봅니다.

친정어머니 같은 마음으로 천사 가족을 배웅하고 귀가해서, 그녀의 편지를 읽다가 내 사랑 당신이 너무 그리워 어깨를 들썩이며 소리 내어 울었습니다. 나의 보고픔의 절규가 하늘에 닿을 때까지….

전숙희 사모님께

사랑하는 사모님, 그동안 사모님이 매일 생각나서 전화하고 싶었지만 무슨 말로도 위로해 드릴 용기가 나지 않아 연락을 못 드려 죄송합니다.

받은 사랑이 많기에 가슴 깊이 아려오는 아픔과 후회와 아쉬움이 너무 큰 것 같습니다.

    단독 목회를 해보니 걸어오신 길이 얼마나 힘든 길인지 느껴집니다. 저희는 이곳에 부임해서 3년 동안 교회의 평안과 부흥을 위해 나름대로 최선을 다해 목회하고 작년(2023년) 추수 감사절에는 박 목사님 모시고 예배드리고 싶었는데 인사도 못 드린 채 하늘나라로 가셔서 얼마나 후회가 되었는지 모릅니다.

    우리 사모님 아직 슬픔을 떨쳐버리지 못하셨겠지만 목사님께서는 천국에서 그 전처럼 해맑게 웃으시는 사모님의 모습을 보고 계실 줄 믿습니다.

    2024년!
    사모님 더욱 힘내시고 건강하고 행복하게 지내시길 기도드립니다.

○○교회 ○○ 사모 드림.

전(煎)이 된 도넛

사모님께

　사모님을 만나 뵙고 돌아오는 길이 얼마나 기뻤는지 모릅니다.

　한결같은 마음으로 저희를 섬겨주시고 먼 길 가는 저희가 떠날 때까지 걸음을 옮기지 않고 지켜보시던 사모님의 모습을 가슴에 묻어 둡니다.

　사모님이 보내주신 글을 읽으며 K와 저는 얼마나 울었는지 모릅니다. 읽고 또 읽으며 두 분을 기억해 봅니다.

　가까이 계시면 참 좋으련만 너무 멀리 있어 죄송합니다.

　다가오는 명절 찾아뵙지 못해 작은 선물을 보냅니다.

B 시에서 유명한 과자점인데 지날 때마다 사모님이 생각나서 걸음을 멈추고 샀어요.

글을 쓰실 때마다 하나님이 주시는 기쁨으로 가득 채워지기를 기도합니다.

사모님 사랑합니다. 늘 평안하시고 강건하시기를….

2024년 1월 25일 C 시에서 ○○ 올림.

여보!

K 사모가 B 시에서 유명한 제과점의 빵과 함께 엽서를 보내왔어요.

나도 그녀가 보낸 편지를 읽고 또 읽으며 그들처럼 뜨거운 눈물을 흘립니다. 젊은 목회자의 마음이 따뜻하고, 또 당신으로 인해 연결된 귀한 인연이 고마워서입니다.

해마다 명절이 되면 그들의 정성으로 양송이버섯이 우리 집 식탁을 황제의 만찬장처럼 화려하게 꾸며주었지요. 식탁에 앉을 때마다 그들을 위해 간절히 기도하던 당신의 모습이 지금도 또렷하게 기억납니다.

그녀가 보낸 쌀빵과 오란다를 먹다가 아주 오래전 일이 떠올랐습니다. 서울에서 목회할 때니 35년 전쯤 되었을 것입니다.

그때는 기독교 방송국이 종로2가에 있었지요. 당신은 매주 라디오 방송 설교 녹음을 하기 위해 그곳으로 지하철을 타고 이동했어요.

나는 그때나 지금이나 빵과 떡을 좋아하지요. 당신은 녹음이 끝난 후 방송국 근처 도넛 가게에서 기름에 금방 튀겨낸 도넛을 사서, 지하철을 타고 종로2가에서 신도림역까지 온 후, 다시 환승을 해 고척동까지 왔지요.

집에 와선 자랑스레 도넛을 내 손에 안겨주었는데 그것은 이미 전(煎)이 되어 있었어요. 식을까 봐 양복 속주머니에 넣고 왔기 때문이지요. 그때만 해도 박스 포장이 안 되던 때였어요. 난 매번 내 임의 사랑에 감동해 납작하게 변해버린 도넛을 입에 물고 "이렇게 행복해도 되나?"라고 혼자 말하며 가슴이 뭉클했습니다.

당신은 어쩌다 별식이 생기면 집으로 가져와 내 앞에 풀어놓고 내 입에 들어가는 것을 보기만 해도 배가 부르다고 했어요. 이제 와 생각하니 나는 평생 소식(小食)을 해 어머님과 당신에게 걱정을 끼친 것 같습니다. 어머님도 생전에 "어멈이 음식을 맛있게 먹으면 나는 기분이 좋다"라고 하셨지요. 내가 지금까지 건강하게 지내는 것은 다 어머님과 내 사랑 당신이 정성껏 챙겨주었기 때문입니다.

당신이 하늘로 간 이후 혼밥(?)을 먹으며 부부가 함께 마주 앉아 식사하는 것이 얼마나 큰 축복이라는 것을 새삼 깨닫고 있습니다. 매끼 밥상 차리기가 귀찮아 투정하던 때도 있었지요. 귀한 사람을 하늘로 보내고 나서야 뒤늦게 그것이 큰 기쁨이었다는 걸 알았습니다.

여보!

오늘은 K 사모가 보내온 쌀빵을 먹으며 우리의 아름다웠던 추억을 소환할 수 있어 얼마나 기쁘던지요. 사랑하는 사람과 함께 했던 17,000날이 넘는 시간은 그 누구도 끼어들 수 없는 우리만의 우주입니다.

이제 나는 당신이 없는 세상에서 내 인생의 이야기를 써야 할 것입니다. 내 사랑과 함께 나누었던 47년의 이야기와 이제는 나 홀로 쓰는 이야기가 궁금해집니다. 아직 나의 모든 상황이 미로를 헤매고 있지만 확실한 것은 당신처럼 하나님 앞에서 살아야 한다는 명제만은 분명합니다.

여보!

평생 아내 바보였던 당신을 사랑합니다. 도넛을 가슴에 품고 와서 자랑스레 내 앞에 내밀던 당신의 부드러운 미소와 따뜻한 마음이 생각나는 오늘입니다.

순교할 각오로
갑니다

당신은 성역 44년의 목회 여정에서 부교역자로 사역했던 익산시에 있는 삼광교회와 제천시의 중앙교회를 제외하고, 세종시에 있는 전의교회와 서울 대신교회 그리고 서문교회에서 담임 목회자로 사역했지요.

이 세 곳의 단독 목회 사역지로 부임할 때마다 어머니께 한 말을 기억합니다. "어머니, 저는 순교할 각오로 목회할 것입니다. 삯군 목자가 되지 않게 기도해 주세요" 아들의 말을 들은 어머니는 그때마다 "주여! 도와주소서"라고 말씀하시며 기도하셨지요.

어머니는 등이 굽을 정도로 아들의 목회를 위해 평생 하나님께

무릎을 꿇으셨어요. 지금도 어머니의 기도 소리가 귓가에 생생하게 들리는 것 같습니다.

당신은 부임하는 교회마다 최선을 다해 목회했어요. 가는 곳마다 하나님의 기적이 수없이 많이 나타났지만 그럴 때마다 더 겸손하게 하나님께 길을 물으며 사역했지요.

세종시에 있는 전의교회에 부임하자마자 오래전부터 꿈꿔왔던 선교를 시작했어요. 교회에 부교역자나 사무직원도 없고 지금처럼 인터넷으로 송금을 하던 때도 아니었기에 한 달에 한 번 미자립 교회에 선교비를 보낼 때마다 직접 우체국으로 갔지요.

그곳에서 미자립 교회를 위해 간절히 기도하며 입금전표를 쓰던 모습이 지금도 눈에 선합니다. 당시 30대였던 한 젊은 목회자의 순수한 모습이 참 많이도 그리운 날입니다.

전의교회는 젊은 우리에게 꿈을 심어주었고 어느 날 그곳을 생각하면 참 좋은 시절이었다고 할 수 있어요. 주일예배를 마치고 교인들을 배웅한 후에 교회 뜨락에 나서서 하늘을 보면 시내산의 맑은 밤하늘을 보는 것 같았지요. 투명한 별들이 내게로 우수수 떨어질 것 같은 곳에서, 한 가족이 둥지를 틀고 참 많이 행복했습니다.

나는 아주 오랜 세월 내 임의 첫 목회지였던 전의교회를 생각하면 사춘기 소녀처럼 항상 가슴이 두근거렸어요. 그리고 때 묻지 않은 순수한 교인들의 마음이 내 그리움의 밭에 포개어지곤 했지요.

당신은 그때 "선교하면 하나님이 교회의 부족한 부분을 채워주신다"고 했어요. 정말 그랬습니다. 당시에 주변에 있는 몇몇 교회에서도 선교의 바람이 부는 선순환의 현상을 볼 수 있었지요.

전의교회에서 6년 사역을 마치고 1988년 봄에 서울 대신교회로 사역지를 옮겼지요. 이곳에서도 교인들 사랑은 한결같았습니다. 누군가 당신에게 "어떻게 교인들 자녀의 이름까지 기억할 수 있느냐"고 물었을 때 "사랑하게 되면 자연히 관심이 가고 기억하게 된다"고 한마디로 말했어요.

당신은 어느 교회를 가든지 주일예배뿐만 아니라 모든 예배의 중요성을 무척 강조했지요. 형식보다는 신령과 진정으로(〈요한복음〉 4장 23~24절) 하나님이 받으시는 예배를 위해 목회자와 전 교인이 예배 때마다 기도로 준비했어요.

또 교인 가정의 형편을 살피기 위해 평소에 심방을 참 많이 다녔지요. 심방을 통해 목회자와 교인 간에 혈맥이 이어진다고 강조했어요.

교인들과 만나서 식탁의 교제를 나누며 그들의 애환을 듣고 그리스도 안에서 추억을 만들며 한마음이 되는 것이죠. 이렇게 목자와 양 떼의 관계가 끈끈하게 이어지면 이 땅 여기저기서 그리스도의 계절이 꽃피게 되겠죠?

어느 날 우리의 사명이 끝나고 주님이 부르시는 그 순간까지 그렇게 교회는 목자와 양 떼의 관계가 밀접해야 된다고 생각합니다.

내 임이 하늘로 가고 얼마 후에 서울 대신교회 담임 목사님(이하 K)에게 연락이 왔어요. 대신교회 교인들이 지금까지도 박 목사님께 받은 사랑을 기억하고 있다고 하며, 자신도 목회하는 동안 박 목사님처럼 맡겨진 양 떼들을 사랑으로 보살피며 행복한 목회를 하겠다고 했어요.

K는 작년(2023년) 11월 8일에 대신교회 교인들과 함께 그 먼 길을 달려와 나를 위로하고 기도해 주었어요. 그때 나는 갑작스러운 사별로 인해 참 많이 힘들고 슬픈 시간을 보내고 있었지요. 하나님이 이런 나를 위해 대신교회를 섬기고 있는 천사들을 보내주신 것이지요.

K는 처음 만났지만 성정이 순수한 분이었어요. "박 목사님이 3년 전에 자신의 담임 목사 취임식에 오셔서 격려 말씀을 해주셨다"고 하네요. 꾸밈이 없는 목회자를 만나게 되어 얼마나 감사한지 모릅니다. 그분을 위해 중보기도를 해야겠다는 생각이 불현듯

들었어요.

그 당시에 서울대신교회는 서문교회보다 외형은 작았지만 교인 수와 예산 면에서는 월등히 앞서 있었지요.

대신교회에서 5년 6개월의 목회 사역을 마치고 청주 서문교회로 부임했어요(1993년 11월 12일).

당신은 첫 주일예배를 드리고 귀가해서 단호한 어조로 어머니와 나에게 "하나님의 뜻에 철저히 순종하며 목회할 수 있게, 지금보다 더 많이 기도해 주세요"라고 말했습니다.

그 후 목회 사역에 전념하느라 3~4년 동안 지방회 활동도 거의 하지 않고 오직 목양일념 했지요. '교회를 위해 총력을 기울이다'는 표현이 더 맞을 것 같습니다. 그때 함께 동역했던 부교역자들도 담임 목회자를 도와 협력하느라 많이 고생했지요. 당신은 "서문교회는 충북에 있는 성결교회의 모(母)교회로 하나님께서 우리 교회에 주신 사명을 감당해야 한다"라고 입버릇처럼 말하며 전 교인과 함께 전도에 매진하였고 그 결과 부임 2년 만에 500명 이상의 새 신자가 등록했어요. 그때 등록한 새 신자 중에서 85퍼센트 이상의 신자가 정착했고 그 이후 교회가 꾸준히 성장했지요.

서울에서 청주로 내려온 것은 오직 선교하기 위해서였어요. 부임한 이듬해(1994년)에 중국에 첫 번째 선교사를 파송한 후 은퇴할 때까지 해외 23개국에 선교사를 파송했는데, 주 후원 파송 선교사로 20개국에 29명과 지원 선교사 9개국에 9명, 국내 미자립 교회 50개 교회와 선교단체 및 기관(33개소)에 선교후원을 했어요(2017년 교회 주보 참조).

또 1997년에 네팔에 교인들로 구성된 제1기 단기 선교사를 파송한 것을 시작으로 2016년에는 멕시코에 제18기로 30명의 단기 선교사를 파송했어요(2017년 교회 요람 참조).

나는 당신이 목회할 때 한 달에 한 번 선교 헌신예배를 드릴 때마다 '나도 보내는 선교에 동참하고 있다'라는 자부심으로 가슴이 두근거렸어요. 이것은 우리 교회 교인 전체가 그런 생각을 했을 거라고 믿고 있습니다.

나의 임이 교인들에게 선교의 마음을 심어줄 수 있었던 것은 하나님이 열방을 향한 도구로, 당신을 철저하게 사용하셨기 때문에 가능했지요. 어려운 여건이었지만 목회자와 교인들이 한마음이 되어 하나님의 명령에 철저히 순종하며 이 일을 계속할 수 있었어요.

올해(2024년)는 청년들이 인도네시아로 단기 선교를 다녀왔어요. 승리하고 귀국해서 다행입니다. 이런 저력은 하루아침에 이루어지는 것이 아니지요. 이렇듯 선교가 활성화되기까지 95년(1929년 4월 28일 창립)의 세월이 흘렀습니다. 목회자의 비전을 믿고 따라준 교인들이 고맙지요.

우리 교회가 교단적으로 소문이 날 정도로 이제는 세계 선교가 정착되었어요.

서문교회에서 후원하고 있는 모 선교사가 당신에게 보낸 편지 두 편을 소개합니다.

1.

제가 선교사가 되어보니, 목사님의 선교에 대한 열정이 얼마나 값진지 더욱더 잘 알게 된 것 같습니다. 예전에 주일 설교 하실 때, "이렇게 선교사역에 헌신하다가 주님 나라 가면, 주님이 나를 반기시며 얼마나 기뻐하시겠는가? 그 소망으로 산다"라고 하시던 말씀이 아직도 기억이 납니다. (중략)

목사님~ 저에게는 물론이고 선교사와 서문교회 교인들에게 선한 목자가 되어주셔서 진심으로 감사를 드립니다.

목사님께서 삶으로 보여주신 선교의 열정과 교인들을 향한 한결같은 사랑의 모범을 깊이 간직하겠습니다.

2.

목사님께서 평소에 꿈꾸시던 세계 선교의 열정을 이어받아 살아 있는 동안 더욱 사명 감당하도록 하겠습니다.

열방을 품고 세계를 섬기시던 존경하는 목사님 사랑합니다.

글을 쓰며 새삼 느끼는 것은 선교야말로 전적으로 하나님의 은혜인 것을 고백합니다. 나는 이것이야말로 순교신앙이 아니고는 할 수 없는 일이라고 생각됩니다.

평생 순교의 각오로 목회 사역을 감당했던 내 임이 오늘따라 더 그리워, 감히 하나님께 "사랑하는 사람이 너무 보고 싶을 때는 어떻게 해야 하나요? 그의 따뜻한 체온을 단 1초만이라도 느끼고 싶습니다"라고 여쭙고 있습니다.

"하나님께서는 이 땅에서 순교신앙으로 사명을 감당한 내 임을 반기시며 그를 보고 기뻐하시리라 믿고 있습니다. 그것으로 저는 위로를 받고 주님께서 저에게 주신 기도의 사명을 감당하겠습니다. 사랑의 하나님께서 그런 저를 '홀로 두지 않으시리라' 믿고 있습니다"

사모님 거처는
있으신지요?

여보!

당신이 하늘로 가고 난 후 주변 사람들에게 제일 많이 듣는 이야기가 무엇인지 궁금하지 않나요?

집과 생활비에 관한 것입니다. 거의 모든 사람이 아주 조심스럽게 물어봅니다.

목회자가 갑자기 소천했을 때 남은 가족의 거처가 제일 문제가 되기 때문에 내 일처럼 걱정하는 것이지요. 다른 직종의 사람들은 자가라든가 아니면 전세나, 월세의 집이라도 일단 계약 기간까지(전·월세에 해당됨) 거주할 수 있지만, 목회자의 가족은 거의 교회에서 제공하는 공관을 사용하기 때문에 일신상에 변화가 생기면 후임자에게 사택을 비워주어야 하지요.

다행스럽게도 가족들이 거처할 곳이 준비되어 있다면 별문제는 없겠지만 사정이 여의치 않을 땐 당장 집부터 알아봐야 할 거예요. 홀사모들이 집 문제로 고생하는 것을 본 이들은 더 안타까워하며 내게 물어옵니다.

어제도 당신의 고향 친구들이 이 문제를 전화로 물어와서, "은퇴할 때 교회에서 아파트를 장만해 주었다"라고 했어요. 그 말을 들은 친구들은 다행이라고 하면서 안도의 숨을 내쉬는 것 같았지요.

당신이 은퇴하고 난 후에 아버지와 친정 형제자매들이 우리 집에 모인 적이 있지요? 그때 아버지께서 아파트를 둘러보시더니 흐뭇해하시며 "목사가 은퇴 후에 지낼 거처를 마련해 준 서문교회 성도들이 참 고맙구나"라고 말씀하셨어요. 당신은 그때 "저는 아무것도 한 것이 없는데 다 하나님의 은혜이지요. 아버님이 기도를 많이 해주신 덕분입니다"라고 대답했어요.

눈이 시리도록 아름다운 5월의 어느 날! 두 사람의 대화는 약속이나 한 듯이 그저 감사로 일관되었지요. 지금 생각해도 그날 부자간의 모습은 한 폭의 그림이었습니다. 아버지는 평생 당신을 마음으로 낳은 둘째 아들이라고 부르셨어요.

  노구를 이끌고 사위 집에 오셔서 온 마음으로 감사하며 흐뭇해 하시던 아버지도, 하나님의 은혜에 감사한다고 했던 당신도 남은 가족들에게 그리움만 남긴 채, 이 세상 소풍 다 마치고 이제는 본향에서 안식을 취하고 있네요.

  여보!

  천국에서 먼저 가신 부모님 만나니 좋은가요? 서로 알아보기는 하는지요? 지구라는 별에 덩그러니 남겨진 우리 가족은 당신을 하늘로 보내고 마음이 많이 아프지만 슬프면 슬픈 대로, 또 기쁘면 기쁜 대로 매 순간 아이들과 당신 이야기를 하며 이 집에서 살고 있어요. 물리적으로는 떨어져 있지만 내 마음속에 있는 당신과 함께 사는 것이지요.

  당신은 아파트를 구입할 때 명의를 내 이름으로 하기 원했지만 내가 당신과 공동명의로 하자고 주장한 것 생각나지요? 그리고 6년이 지난 어느 날, 당신은 이곳보다 더 아름다운 하늘나라로 이사 갔어요.

  당신이 떠나고 서류 정리를 할 때 공동명의로 했던 아파트를 내 앞으로 이전하고 나서 한동안 몹시 참담하고, 허탈한 마음이 들어 온몸에 동통을 느껴 견디기 힘든 시간을 보냈습니다.

  내 곁에서 든든한 버팀목이었던 당신이 갑자기 사라졌는데 '집이 내 명의가 된들 무슨 의미가 있나?'라는 생각도 들었지요. 거처할 곳이 없어 철새처럼 이리저리 옮겨 다니는 사람들이 들으면 참 철없는 생각을 한다고 핀잔을 줄 것 같네요.

우리는 7년 전, 이곳에 둥지를 튼 한 쌍의 원앙이었지요. 평생 처음 아파트에 살게 되어 생활이 편리하기도 했지만 단독주택에서 지내던 것에 익숙해져 있던 관계로 불편한 점도 더러 있었어요. 그러나 아파트 주민이 되어 마음이 황홀할 정도로 행복해지는 것 중 하나는 당신과 함께 거실 창가에 앉아 아파트 중앙정원에서 벌어지는 사계절의 잔치에 묻혀 지내는 것이었지요.

봄날에 창가에 앉아 가만히 귀 기울이면 꽃 피는 소리가 아련히 들려왔어요. 벚꽃이 꽃잎을 열며 '쏴아~ 쏴아삭' 하며 '소곤소곤' 속삭이는 소리는 또 어떤가요?

당신은 창가에 앉아 꽃잎 터지는 신비한 모습을 보며 "벚꽃 구경 따로 갈 필요 없다"라고 말하기도 했어요. 그만큼 사계절의 변화를 거실에서 한눈에 느낄 수 있는 아파트 환경을 좋아했지요.

벚꽃이 지고 나면 영산홍이 꽃잔치를 벌입니다. 아버지가 우리 집에 오시던 해 봄에 예정일보다 일찍 핀 영산홍이 정원을 붉게 물들였지요. 그때 당신은 꽃이 일찍 시들까 봐 몸이 달아 중앙정원으로 내려가, 무리 지어 핀 꽃 무더기를 안수하듯 어루만지며 "애들아, 울 아버지 며칠 후에 오시는데 그때까지 꼭 피어 있어야 한다"라고 말하며 어린아이처럼 아버지 오실 날을 기다렸어요.

 5월이 되면 중앙정원에 있는 '산수원'의 인공폭포에서 장대 같은 물줄기가 쏟아지지요. 바위 틈새를 타고 흘러내리는 물소리에 길을 가다가 되돌아와 폭포 앞에 서서 귀를 쫑긋하면 인간의 잡다한 염려와 근심이 물소리에 묻혀버리듯 주변이 온통 자연의 소리로 채워지지요.

 우리 아파트 거실에서 바라보면 폭포의 맨 꼭대기 수원지에 날마다 새들이 날아와 입을 축이며 세수하고 날아가는데, 매번 같은 새는 아닌 것 같아요. 그 모습이 얼마나 예뻤던지 당신은 새들이 오는 시간이 되면 나를 불렀지요.

 우리는 창밖에서 벌어지는 자연의 모습에 모든 시름을 잠시 잊어버리곤 했어요. 폭포 아래로 펼쳐진 화단에서 해바라기를 하고 있던 고양이는 혀를 내밀어 온몸을 핥으며 목욕을 하고, 지나던 사람들이 멀찍이 서서 그 모습을 지켜보고 있어요.

 하늘엔 뭉게구름이 피었다가 흩어지고 초록 정원은 새들의 소리와 물소리, 그리고 미니 수영장에서 천진난만하게 물장구를 치는 아이들의 웃음소리가 마치 오케스트라를 연상케 하지요. 주민들은 비치파라솔 아래서 담소를 나누고 있습니다. 그 모습을 보는 것만으로도 저절로 힐링(Healing)이 되지요.

 이처럼 좋은 환경에 살고 있지만 내가 가끔 오후에 거실에 햇볕이 많이 들어와 불평하면, 당신은 항상 "우리는 모든 것에 감사할 줄 알아야 해요. 하나님의 은혜로 아름다운 곳에서 살고 있는데 감사로 언어를 바꿔봐요"라고 했지요. 그럴 때마다 불평한 것이 머쓱해 아무 말도 하지 않았지만 사실 그때 당신이 내 편을 들어주길 바랐지요.

여보!

지구의 자전과 공전 속에서 우리 곁에 어김없이 또 봄이 찾아왔어요.

당신 없는 세상에서 처음 맞이하는 봄입니다. 거실 창가에 앉아 중앙정원의 봄을 지켜보고 있습니다. 올해도 꽃들이 앞다투어 피고 지겠지요?

당신이 하늘로 가고 처음 맞이하는 올봄에 핀 영산홍은 당신을 그리워하는 내 마음이라고 말하고 싶습니다. 나도 당신처럼 중앙정원으로 내려가 꽃이 일찍 질까 걱정하며, 당신을 보듯 붉은 꽃잎에 얼굴을 묻고 꽃 무리 속에서 사랑하는 사람의 모습을 찾을 것입니다.

우리가 평소에 하던 대로 나는 지금 당신의 따뜻한 손을 잡고 앉아 있어요. 내 안에 있는 당신이 "모든 것에 감사하며 지내야 한다"라고 말하고 있네요.

벚꽃 터지는 소리보다 더 생생하게 내 귀에 들리는 임의 목소리가 분명해요. 당신의 바람대로 감사하며 지내야지요. 그래야 희망의 봄을 자랑스레 맞이할 테니까요.

지금은 슬픔과 외로움이 버무려진 고독한 시간과, 가끔 기쁨의 순간들이 롤러코스터를 타듯 교차하고 있지만 기쁘면 기쁜 대로 또 슬픔이 밀려올 때는 밀어내지 않고 그냥 있는 그대로 당신을 애도하며 지내기로 했어요.

나도 당신처럼 이 땅에서 최선을 다하며 살다가 본향으로 가야 하기 때문에 넋 놓고 있을 시간이 없네요.

나는 이제, 하나님의 은혜로 "선한 싸움을 다 하고 달려갈 길을 무사히 마친(〈디모데후서〉 4장 7~8절)" 당신의 유지를 이어가는 것이 어떤 것인지 하나님께 길을 물을 것입니다. 그러노라면 나도 모르게 어느 날 활짝 웃고 있는 나를 발견하겠지요. 위로의 하나님께서 그렇게 나를 인도해 주실 것입니다.

추억을
공유하다

여보!

오늘 G 목사님(이하 G) 내외와 점심을 같이 했어요. 얼마 전에 당신과 함께 갔던 식당에 가서 당신이 앉았던 자리에 앉아 이야기를 나누며 추억에 잠겼지요. 한동안 그리움에 목이 메어 서로 딴전을 피우듯 시선을 외면하기도 하고 또 어느 순간에는 웃기도 하며 참 의미 있는 시간을 보냈어요.

G는 나를 위해 "평생 꽃처럼 살아오신 사모님의 남은 날이 앞으로도 외롭지 않게 해주시고 꽃길이 되게 해주세요"라고 울먹이며 간절히 기도했어요. 당신 없는 세상에 혼자 남은 내가 고생

할까 봐 염려해 주는 마음이 마치 가족처럼 느껴졌어요.

곁에서 보니 G도 당신처럼 눈물이 많은 사람이네요. 나는 눈물은 목회자의 필수 덕목이라고 생각합니다. 나에게 맡겨진 양 떼를 하나님의 심장을 가지고 사랑하려면 순수하게 정제된 눈물은 필수이지요. 그런 목회자의 눈물이야말로 교인들을 하나님 나라로 이끄는 원동력이 되지 않을까요? 물론 목회하다 보면 때로는 냉철함도 필요하지요. 그러나 나는 눈물을 한마디로, 사랑이라고 정의하고 싶습니다.

내가 요즘 미미하게나마 당신의 유지를 이어가고 있다고 하니 눈물 많은 G가 박 목사님께 받은 사랑이 너무 크다고 하며, "목사님이 평소에 후원하셨던 일에 저도 동참하면 안 될까요?"라고 하네요. 젊은 목회자의 마음이 참 고맙지요?

그의 아름다운 아내(이하 K)는 햇살이 찬란한 어느 날, 지인들과 함께 부활의 동산에 갔대요. 돌아오는 길에 하늘을 쳐다보며 "목사님, 우리의 이야기 듣고 계시지요?"라고 말하며 동행들과 박 목사님과 있었던 추억을 서로 주고받았다고 합니다.

아름다운 추억을 공유한다는 것은 물질적인 가치로 셀 수 없는 크나큰 자산이지요. 그래서 우리는 복받은 인생을 산다고 할 수 있어요.

이야기를 하며 계속 눈물을 흘리고 있는 K는 당신이 전의교회에서 목회하던 시절에 고등학생이었지요. 그때만 해도 그녀 혼자 신앙생활을 했는데 지금은 온 집안이 복음화되어 목회자가 여럿이 있다고 합니다. G의 집안도 마찬가지이고요.

  그들의 이야기를 듣고 있던 내가 우리는 모두 기독교 금수저라고 했더니 맞장구를 쳤습니다. 이제 금수저인 우리가 할 일은 믿음 생활에 앞장서는 것이지요. 나도 당신처럼 마지막까지 믿음의 품위를 지키고 전도의 사명을 감당하며 남은 생을 수놓고 싶습니다.

  그들과 헤어져 집으로 돌아와 K가 선물한 꽃바구니를 들여다보고 있습니다. 장미와 카네이션 꽃송이가 색깔과 향기는 다르지만 서로 어우러져서 소박한 우리 집 거실을 화려하게 꾸며주고 있네요.
  꽃향기를 맡기 위해 꽃송이 속에 얼굴을 묻으니 꽃 소리가 들리는 듯합니다. 꽃처럼 산다는 것은 많은 사람에게 덕을 세우며 사는 것이라고 속삭이네요. 맞아요. 나도 당신처럼 훗날에 나를 아는 몇몇의 사람들에게 좋은 기억으로 남고 싶습니다.
  나의 남은 생을 염려했던 당신은 이미 그것을 알고 누누이 내가 꽃처럼 살기를 바랐지요. 당신이 평생 어질게 살았던 것처럼 말입니다. 그리고 오늘 G도 나를 위해 그렇게 기도했고요.
  나를 진심으로 염려하는 주변의 따뜻한 동행들이 나의 길에 꽃으로 만든 이정표를 꽂아두었습니다. 혹시 가다가 길을 잃었을 때 다시 일어나 그 이정표를 따라가다 보면 어느덧 내 임이 사는 그 나라에 도착하지 않을까요?

당신을 향한 아름다운 추억을 공유한 사람! G와 K도 내 사랑 당신이 맺어준 귀한 인연입니다.

여보!

봄이 오는 초입에 당신을 그리워하는 우리의 아우성이 들리나요? 순수했던 오늘이 하루하루 이어져 내가 살아가는 날 동안, 당신이 바라던 것처럼 꽃길이 되기를 소망합니다.

목회자는 머리를 기르는 것이
보기에 좋아요

　당신이 서문교회에 부임했을 때 E 선교사(이하 E)는 대학생으로 교회학교에서 교사로 봉사하며 청년회 활동도 활발하게 했지요. 당신은 이미 그때부터 E를 볼 때마다 "참 성실한 청년이다"라고 말하곤 했어요.

　일반 대학에서 전자공학을 전공하고 모교에서 촉망받는 전임 교수로 재직하다, 8년 전 전문인 선교사가 되었지요. 교회에서 선교사 파송식을 하던 주일에 E를 비롯한 온 가족이 감격하던 모습이 지금도 눈에 선하네요.

　E 선교사의 어머니인 L 권사님은 "아들이 대학교수가 되어 이

제는 한시름 놓고 효도받으며 살 줄 알았는데, 어느 날 선교사가 되겠다고 해서 처음에는 많이 놀랐다"고 했어요. 그러나 "하나님의 선한 뜻이 있는 줄 알기에 한편으로 기뻤다"라고 했지요.

권사님은 또 "집안에 선교사 한 사람이 배출되니까 온 식구가 모두 선교사가 된 마음으로 살게 된다"라고도 했어요. 내 뜻을 내려놓고 주님의 뜻에 온전히 순종하는 권사님 가족의 믿음이 아름답습니다.

그는 필리핀에서 전문인 선교사로 현지인들을 교육하며 전도하고 있지요. 현지에서 교육용 컴퓨터가 부족할 때, E의 아버지가 근무했던 대학에서 컴퓨터학과 학생들이 학습용으로 쓰던 것을 구해 필리핀까지 국제 택배로 여러 번 부쳤다고 하네요. 이제껏 수백 대가 넘는 컴퓨터를 필리핀으로 보낼 때 후원교회에서 지원해 주기도 했지만, E의 부모님이 개인 비용으로 부담한 적도 있다고 합니다.

E의 남동생 내외도 물심양면으로 선교에 동참하고 있다고 하니 정말 온 집안이 다 선교사라고 할 수 있어요. 옆에서 보는 우리도 마음이 뿌듯한데 하나님은 또 얼마나 기뻐하실까요?

E가 폭넓게 그리고 온전히 선교에 매진하기 위해 미성대학교(America Evangelical University)에서 목회학 석사과정을 마치고 드디어 올 4월에 목사 안수를 받게 되었어요. 앞으로 필리핀에 기숙형 IT 대학(필리핀 국제 공과대학)을 세우는 꿈을 꾸고 있지요. 우리

의 생각을 뛰어넘는 하나님께서 이 문제도 가장 좋은 길로 인도하실 줄 믿어요.

E가 작년(2023년) 8월에 잠시 귀국했을 때 우리 내외와 만난 적이 있지요. 그때 E는 "내년에 목사 안수식 때 목사님께서 제일 먼저 안수기도를 해주셨으면 해요"라고 말했어요. 당신이 "그러마"라고 선뜻 말하자 E의 얼굴이 보름달처럼 환해졌지요. 그 모습이 지금도 눈에 선합니다.

당신이 작년 여름에 코로나19에 감염되어 중환자실에 입원해 있을 때 소식을 들은 E가 선교지의 동역자들과 함께 금식하며 기도하고 있다고 했어요.

당신이 소천하고 얼마 후에 "존경하고 사랑하는 목사님, 보고 싶습니다. 주님 나라에서 다시 뵈어요. 그때까지 열심히 선교하겠습니다. 계속해서 응원해 주시고 지켜봐 주세요. 그리고 사모님, 제 도움이 필요하시면 언제든지 연락 주세요"라고 E가 문자메시지를 보내왔어요. 나는 그때 "사모님, 제 도움이 필요하시면 언제든지 연락 주세요"라는 문장을 몇 번이고 다시 읽었습니다. 바다 건너 멀리 있음에도 불구하고 나를 위로하는 E의 따뜻한 마음이 고마워서입니다.

E가 목사 안수를 받기 위해 올해 3월(2024년) 귀국하고 잠시 만

났을 때 지난해 8월에 본 것과는 달리 머리를 단정히 길렀더군요. 머리를 기르니 잘생긴 얼굴이 더 준수해 보이네요. 그를 보니 당신이 작년에 E에게 했던 말이 생각났습니다. "E 선교사는 워낙 동안이기 때문에 나이가 조금 들어 보이는 것도 좋을 것 같아. 머리를 기르면 지금보다 더 원숙해 보일 텐데"라고 그에게 말했지요.

 자식처럼 아끼는 선교사에게 한 말을 그대로 실행한 E가 기특하게 보였습니다. 어머니 권사님은 "내가 아무리 머리 좀 기르라고 해도 말을 안 듣더니 박 목사님의 유언 같은 말씀이라고 하며 순종했네요"라고 하며 오히려 흐뭇해하셨어요.

 당신도 이 모습을 보면 얼마나 좋았을까 생각하니 또 마음이 천길만길 찢어져 안타깝기만 합니다. 그러나 하늘에서 함께 기뻐할 줄 믿고 위로를 받습니다.

 올해는 94명이나 목사 안수를 받는다고 들었습니다. 당신이 우리 교단(기독교대한성결교단)에서 목사고시 위원으로 일한 적이 있지요. 학생들의 면접을 마치고 귀가해서 나에게 했던 말이 생각납니다. "목회자에게 실력보다 더 중요한 것은 하나님의 음성이 들려올 때 나의 생각을 과감히 포기하는 결단이 필요하다고 생각해. 그럴 때 주님이 우리를 사랑하신 것처럼 맡겨진 양 떼를 사랑할 수 있지"라고 했어요. 당신 말이 맞아요.

4월 4일에 기독교대한성결교단 117년 차 목사 안수식이 있었습니다.

　　E가 어느 날 그의 부모님께, "박 목사님이 곁에 계셨더라면 큰 힘이 될 텐데 오른팔이 떨어져 나간 것 같다"라고 말했다지요? 왜 안 그렇겠어요? 당신은 E가 목사 안수를 받은 후에 성실하게 목회하고 있는 후배 목회자들을 만나 E를 자랑스레 소개한다고까지 했으니까요. 그리스도 안에서 가족처럼 서로 사랑하는 마음이 아름답기만 하네요.

　　하나님께서 당신을 그리워하고 있는 E의 마음을 잠잠히 위로해 주시기를 기도할 뿐입니다. E가 앞으로 목회자로 또, 선교사로 사역하며 하나님이 그에게 맡긴 영혼을 뜨겁게 사랑하기를 바랍니다.

　　오늘 백화점에 들러 기쁜 마음으로 아주 작은 것이지만 그에게 줄 선물을 준비했어요. 지난해 여름에 우리가 함께 산책하며 이야기를 나누던 것이니 당신이 준비한 것이나 다름없습니다.

　　E에게 전해줄 선물을 포장하며 "엘리야의 영감이 갑절로 엘리사에게 전해져, 그의 사역이 승리했다"라는 〈열왕기서〉의 말씀이 떠올랐습니다. 당신을 사명자로 쓰셨던 하나님께서 E를 더 크게 쓰실 것을 믿으며, 당신의 마음이 담겨 있는 선물을 건넸습니다.

　　집에서 유튜브로 생중계되는 안수식을 보며 오래전에 있었던 당신과 아우의 목사 안수 장면이 떠올라서 감회가 남달랐지요.

당신은 목사 안수를 받은 그날 이후, 매일 순교하는 자세로 '오직 목양일념' 했습니다. 목회하는 모습을 일평생 곁에서 지켜본 내가 증명할 수 있습니다.

117년 차 교단 총회에서 총회장이 단상에 올라 "성부와 성자와 성령의 이름으로 E 씨를 주의 몸 된 교회의 거룩한 직분인 목사로 세우고 안수하여 하나님이 말씀을 선포하고 가르치며 성례전의 집례와 안수와 축도의 권한을 허락하노라"라고 선포하면 4명으로 구성된 각 조의 안수 위원들이 안수받을 사람의 머리에 손을 얹고 기도를 시작하지요. '이 순간이야말로 예비 목사들이 하나님과 가장 가까이서 만나는 시간이 아닐까'라는 생각을 했습니다. 그리고 나는, 그 시간에 당신도 하늘에서 E를 위해 안수 기도를 했다고 느꼈습니다.

저녁에 E에게 전화가 왔어요. 내가 보낸 선물을 당신을 보듯이 와이셔츠에 장식하고 안수식에 참석했다고 하네요.

이제 당신은 E를 위해 하늘에서 중보기도 하고 우리는 이 땅에서 기도해야겠지요. 그래야 그가 하나님의 사명을 잘 감당할 수 있을 테니까요.

오늘은 가족 같은 사람 E가, 목회자로 세워지는 날이기 때문에 매우 흐뭇합니다. 당신도 그렇지요?

하나님께서 E에게 새로운 사명을 안겨주신 기쁜 날을 축하라도 하듯 아파트 중앙정원에 벚꽃이 흐드러지게 피었습니다. 정원으로 내려가 꽃비를 맞으며 핑크빛 길을 걷고 싶습니다.

〈추신〉 E와 그의 어머니 L 권사님이 집에서 잠깐 만나 나눈 대화가 마치 아름다운 회화를 본 듯한 느낌을 받아 이 글을 쓴다.

E의 모친인 L 권사님은 오늘 대심방을 맞아 구역 식구들을 집으로 초대해 담당 목회자와 함께 예배를 드렸다.

요즘 권사님은 대상포진을 앓은 후유증으로 몹시 기력이 쇠약한 상태이지만, 주님을 맞이하는 마음으로 10명 가까운 구역원들을 집으로 초대한 것이다.

구역 식구들이 돌아간 후 뒷정리를 하고 잠시 누워서 휴식을 취하다 깜빡 잠이 든 사이 E가 대전에서 업무를 보고 부모님을 잠깐 뵈려고 집에 들렀다.

E는 4월 25일에 회의가 잡혀 있어 잠시 귀국했지만 본가에서 자지도 못하고 다시 서울로 올라가 월요일에 출국해야만 했다.

E는 집에 들어와 잠이 든 엄마를 보고 "큰아들 왔어요. 엄마 어디 아프셔요? 우리 엄마 생전 낮잠 안 주무셨는데…"라고 말했다.

잠시 후 잠에서 깨어난 엄마가 "아들 언제 왔니? 대심방 마치고 긴장이 풀어졌는지 내가 깜빡 졸았네"라고 하자, 아들은 "엄마 편찮으신 줄 알고 걱정했어요"라고 했다. 권사님은 오늘 얼마나 피곤했던지 잠시 잠에 취해 있어 아들이 하는 말을 꿈결에 들은 것 같다고 했다. "엄마, 저 사모님(필자) 만나 뵙고 바로 서울로 올라가서 바로 출국해요. 내일 서울 C 교회에서 8월에 있을 청소년 단기 선교를 상의하자고 해서 오늘 집에서 자고 가지 못하겠네요. 죄송해요"라고 말하자 이 말을 들은 엄마는 잠에서 완전히 깼다.

"너는 하나님께 바친 아들인데 엄마 걱정은 하지 말고 하나님이 맡겨주신 선교사역을 열심히 해요. 이것이 엄마·아빠가 바라는 것이니까"라고 말하며 아들을 안심시켰다.

E는 "내 엄마인데 어떻게 걱정을 안 해요?"라고 말하며 한동안의 이별이 아쉬운 듯 차에 오르며 몇 번이고 뒤돌아보았다.

엄마가 바랄 수 있는 작은 소망까지도 하나님께 맡기며 담대하게 아들을 안심시키는 엄마와, 그런 엄마를 전적으로 하나님께 맡기며 선교지로 떠나야 하는 아들….

이 이야기를 전해 들으며 모자간의 인간적인 사랑과 애환이 가슴으로 스며들었고, 하나님이 주신 사명에 절대 순종해야만 하는 목회자(선교사)의 마음이 나에게도 고스란히 전해졌다. 사랑하는 나의 임도 평생 그렇게 살았으니까….

서로 애틋하게 바라보는 모자의 모습이 마치 한 폭의 아름다운 명화를 감상한 것 같아 괜스레 행복해지는 토요일 밤이다.

하나님이 주신 자연의 눈(目)으로
당신을 보는 마지막 밤

하나님이 만들어 주신 내 눈으로 당신의 사진을 들여다봅니다. 나는 지금 당신의 체온을 느끼기라도 하듯 사진 속에 있는 당신의 이마와 눈과 코 그리고 입술을 손으로 쓸어내립니다. 사진 속의 당신은 내가 어떤 말을 해도 웃고만 있네요.

미소가 부드러운 당신은 내가 투정을 부려도, 그립다고 울먹여도, 또 말을 걸어도 한결같이 웃고 있어요. 화가 났다가도 당신의 미소를 보면 금방 노여움이 풀어지지요. 당신은 무엇이 그리도 좋은지 평생 웃었어요. 지금 생각해 보니 이미 이 땅에서 영원한 본향, 하늘나라를 앞당겨 살았던 것이지요.

우리의 눈물을 씻겨주는 천국은 항상 웃을 일만 있다지요? 이 세상에서 평생 찡그리고 살던 사람이 하늘나라에 갔을 때 갑자기 웃을 수는 없을 것 같아요. 웃음도 습관이고 노력이 필요하니까요. 그렇게 살지 않고는 아무리 사진 속이라고 해도 당신과 같이 이렇게 부드러운 표정이 나올 수 없지요. 사진은 거짓말을 못하니까요.

나는 이 시간 내 사랑 당신이 생전에 나를 그윽이 바라보던 깊은 눈길과 평소에 함께 맡았던 냄새를 기억하려고 합니다. 당신은 커피를 즐겨 마시지는 않았지만 헤즐넛 커피 향을 특별히 좋아했어요.

우리가 사는 아파트 근처의 쇼핑센터 지하에 달콤한 헤즐넛 커피향이 후각을 행복하게 해주는 코너가 있어, 가끔 가서 커피 향을 즐기며 앉아 있곤 했지요.

이 시간 당신이 즐겨 부르던 찬송가 '저 장미꽃 위에 이슬 아직 맺혀 있는 그때'와 내 귓가에 대고 속삭이던 사랑의 언어들을 내 마음과 눈 속에 사진을 찍어두기로 했습니다.

날이 밝으면, 70년을 사용한 나의 눈은 본래의 수정체를 초음파로 긁어내고 그 자리에 인공수정체를 삽입하게 됩니다. 내가 "수술을 미루고 싶다"고 했더니 의사는 "타고난 눈이 제일 좋지만 노화로 인해 수정체가 혼탁해져 백내장이 많이 진행되었으니 수술을 해서 밝은 세상을 보는 것이 좋지 않을까요?"라고 했어요. 적응하는 동안 불편을 감수해야 하겠지만 적기에 하는 것이 좋다고 하네요.

요즘 백내장 수술은 비교적 간단한 수술이기 때문에 걱정할 것 없다고 하네요. 겁이 유난히 많은 나도 당신이 곁에 있었다면 크게 걱정 안 했을 것입니다. 당신은 항상 "든든한 남편이 옆에 있는데 뭐가 걱정이야"라고 말하곤 했으니까요.

하나님이 주신 눈으로 사물을 보는 마지막 밤이라고 생각하니 괜스레 감상에 젖어 조금은 허전하고 슬퍼지네요. 그러나 또 한편으로는 밝은 세상을 보게 된다는 기대가 있습니다.

지금 생각하니 당신의 눈은 노화가 더디 진행되었던 것 같습니다. 나는 바늘귀를 꿸 때 돋보기를 쓰고 그 위에 볼록렌즈까지 사용해야 했는데 당신은 돋보기도 없이 자연스레 바늘귀를 꿰었지요. 그 나이에도 그럴 수 있다니 참 감사한 일입니다.

여보!

내가 백내장 때문에 어쩔 수 없이 인공수정체를 삽입하더라도, 훗날 나를 알아볼 수 있겠지요? 내가 이 땅에서 숨 쉬는 날 동안, 지금까지 그래왔듯이 당신의 사랑은 내 동공뿐 아니라 내 몸의 세포 깊은 곳까지 온통 새겨져 있습니다.

이제 인공수정체로 교체한 나의 눈에도 평생 아내 해바라기를 한 당신의 애틋함으로 가득 채워질 것입니다. 원거리와 중거리와 그리고 근거리 모두, 나의 시선이 닿는 곳마다 내 임을 그리워하는 아우성이 벚꽃 터지듯 온 천지에 가득할 것입니다. 우리는 지금은 잠시 떨어져 있지만 영원히 눈과 눈을 마주 보며 서로 그리워하겠지요.

  나의 간절한 소망은 육신의 시력이 밝아짐과 동시에 영안이 밝아져 당신이 사는 하늘나라를 보고 싶다는 것뿐입니다.

백내장 수술을
하다

#1.

백내장 수술 하는 날.
여보!
뒤트임으로 된 하늘색 수술 가운과 모자를 쓰고 수술실로 들어가 침대에 누워 의사가 들어오기를 기다렸어요. 확실치는 않지만 내 기억으로 수술 가운을 입은 것이 처음인 것 같네요.
수술실로 들어가기 5분 전에, 서울의 ○○병원에 입원해 있는 모 권사님에게 전화가 왔어요. "사모님 기도해 주셔서 고맙습니다. 지금 주치의가 다녀갔는데 항암치료 안 해도 된다고 해 며칠 후에 퇴원하려고 합니다"라고 말하는데 수술한 사람답지 않게 목소리에 힘이 있었어요. 하나님께서 기도에 응답해 주신 것을 감사하는 표정이 눈에 선하게 그려졌지요.

그녀는 며칠 전에 항암치료 안 받도록 중보기도팀에 기도를 부탁했다고 합니다. 기도 제목이 응답되었으니 얼마나 기쁠까요?

내 입에서 나도 모르게 "할렐루야! 감사하네요. 교회에서 교인들이 중보기도 한 덕분이지요. 하나님이 하셨어요"라고 말하며 함께 기뻐했지요. 그리고는 수술대에 누웠습니다.

백내장 수술은 눈에 특별한 병변이 없는 한 20~30분 정도 걸리는 간단한 수술이지만 그래도 긴장이 되었습니다.

사랑하는 내 임이시여!

내가 그 짧은 수술시간 동안 수술대에 누워 어떤 기도를 했는지 아십니까? 조금 전에 전화한 권사님을 위해 기도했습니다. 항암치료를 안 받게 되었다니 얼마나 감사하던지요.

당신은 평생 자신보다 항상 교인들을 위한 중보기도가 우선이었지요. 나도 오늘 당신이 목회할 때 그렇게 했던 것처럼 이웃을 위해 기도하며 수술을 받았습니다.

#2.

나의 임은 평소에 주변 정리를 참 깔끔하게 했어요. 서랍은 물론 책장과 책상 위에도 늘 정리·정돈이 잘되어 있었지요. 나도 그런 당신을 본받아 병원에 가기 전에 아침 일찍 일어나 주변을 정리했어요. 평소에는 매일 청소도 안 하고 어수선하게 하고 살던 내가 말입니다.

수술하고 여섯 시간 입원하는데 오랫동안 집을 비우는 사람처럼 집 안 이곳저곳을 둘러보고 서랍을 정리하고 옷 정리를 끝내고 핸드백 속에 혹시 필요할지 몰라 '초코바'까지 챙겼습니다.

#3.

간호사의 부축(?)을 받아 수술대에 누우니 두꺼운 천으로 얼굴 전체를 덮어 숨쉬기가 불편했어요. 답답하다고 하자 코 주변으로 공간을 내니 좀 편해져 마음이 안정되네요.

이번에 처음 알았는데 백내장 수술은 안약을 눈에 넣어 마취를 하네요. 두 눈을 절대 감지 말고 천정에 보이는 현미경 불빛만 쳐다보라고 안내를 받았는데, 두 눈을 뜨고 있는 이유는 눈동자의 수평을 맞추기 위해서라고 들었어요.

수술하는 동안 의사와 간호사의 목소리가 조곤조곤 들리고 실

루엣이 보이며 수술 도구가 왔다 갔다 하는 모습이 어렴풋이 보여 별로 유쾌한 기분은 아니었어요.

본래의 수정체를 초음파로 벗겨내는 소리가 마치 치과에서 충치를 치료할 때처럼 사각거렸지요. 별로 유쾌하지 않은 내 마음을 알아차리기라도 한 듯, 의사는 "수술은 현재 70퍼센트가 진행되었고 인공수정체로 갈아 끼우는 데 조금 뻐근하다"라고 친절하게 설명하네요. 꿰맬 때 조금 따끔했어요. 투명안대를 한 채 입원실로 와서 여섯 시간 휴식을 취하다 귀가했습니다.

#4.

집에 들어선 첫 느낌! 사방이 얼마나 밝은지 두 아이가 수술하고 귀가한 엄마를 위해 최첨단 LED로 등 교체를 한 줄 착각했어요. 순간 '당신이 있는 천국이 이럴까?(〈요한계시록〉 21장 23~25절)'라는 생각이 들었어요. 수술하기 전에는 사방이 누르스름하게 먼지가 낀 느낌이었든요.

저녁에 두 아이가 케이크를 사 들고 와서 광명(?)을 찾은 엄마를 위해 축복 송을 불러주며 "엄마 축하합니다"라고 하네요. 나이 들면 누구나 다 하는 간단한 수술을 했을 뿐인데 이토록 큰 축하를 받다니 많이 쑥스러웠습니다.

지금의 느낌은 '주위가 밝게 보인다'이지만 인공수정체로 대체

하는 수술을 했기 때문에 적응하는 기간도 있고 또 거기에 따른 불편함도 있겠지요. 그러나 수술하기 전보다 밝은 세상을 살게 된다는 기대가 매우 크게 다가오는 한편, 분명한 것은 '하나님이 주신 본래의 눈처럼 내 마음에 꼭 들지 않을 수도 있다'라는 생각이 언뜻 드네요.

#5.

프랑스의 원로 영화배우 알랭 들롱은 한때 세계적인 미남이라는 말을 들을 정도였지요. 나는 결혼할 때 당신이 알랭 들롱보다 더 잘생겼다고 느꼈어요. 이것은 지금도 같은 마음입니다. 아마 내가 당신을 보러 갈 때까지 이 생각에는 변함이 없을 겁니다. 내가 평소에 이 말을 하면 당신은 무척 쑥스러워했지요. 그러나 사실입니다. 사랑은 거짓말을 못 하니까요.

늘 돋보기를 쓰고 보던 당신 사진을 이제는 돋보기 없이도 볼 수 있네요. 지금 보아도 당신의 미소는 국보급입니다. 유순한 성정이 그대로 드러납니다. 내 임은 역시 알랭 들롱보다 더 미남입니다. 마음은 더 잘생겼지요.

그런데 여보!

난 앞으로 살면서 크고 작은 수술을 하고 싶지가 않아요. 내 뜻대로 되는 것은 아니겠지만 그래도 작은 소망을 품어봅니다. 이유는 당신을 느끼지 못해서입니다.

　무심코 돌아볼 때 당연히 있어야 할 사람이 없는 느낌은 그리움이라기보다 거짓말 같은 사실에 대한 낯섦이라고 할 수 있습니다. 이처럼 생소하고도 어색한 느낌이 들면 내 몸이 민감하게 반응하며 누선이 자극되고 목소리가 떨리며 어깨가 흔들립니다. 그리고 온몸에 미열이 올라 한동안 무척 힘이 들지요.

　얼마만큼의 시간이 지나야 이 낯선 감정에 익숙해질 수 있을까요?

　당신을 온몸으로 느끼고 싶어 당신의 사진을 머리부터 발끝까지 손으로 쓸어내립니다.

　난 요즘 내 육신의 눈이 밝아진 것처럼 영안이 밝아지기를 얼마나 열망하는지 당신은 아시나요? 어느 날 갑자기 예고도 없이 나와 다른 세상에서 살게 된 당신이 보고 싶어 못 견디는 이 마음을 아시나요?

부자가
되었어요

#1.

여보!

은행에 들렀다가 집으로 가는 길입니다. 창구직원이 "큰돈을 어디에 쓰려고 찾느냐"고 하길래 "모교에 발전기금을 후원하려고 한다"고 했더니 "쉬운 일이 아닌데 대단하시네요"라고 하네요.

정말 쉬운 일이 아닐까요? 당신의 모교에 아주 작은 마음을 전하려고 한 것뿐인데 과한 칭찬을 받은 것 같아 괜스레 쑥스럽고 편치 않았어요.

당신은 평소에 늘 학교에 빚을 진 것 같다고 하며 "은퇴 후에 적은 금액이라도 대학에 발전기금을 후원하자"고 했어요. 그렇게 2019년부터 시작해 올해(2023년)로 5년째 후원하고 있지요. 평소에 마음속에 담아두었던 생각을 과감하게 실천한 것이지요. 이제부터는 미력하나마 내가 당신의 뜻을 이어가려고 합니다.

당신은 우리에게 "조금 덜 쓰면 작은 나눔부터 시작할 수 있다"라고 늘 입버릇처럼 말했어요. 그 말이 어느 때는 부담이 되기도 했지만 이제 와 생각하니 당신이 옳았습니다.

2019년에 모교에 발전기금을 전달하고 집으로 와서 내게 한 말이 지금도 생각납니다. "모교에 작은 정성을 전했을 뿐인데 오히려 내가 부자가 된 것 같네. 이것은 내 생각만이 아니라 모든 목회자들의 공통적인 마음일 거야"라고 했어요.

이 부분도 당신 말이 맞습니다. 연말이 되면 기부자들의 기사가 대중매체를 도배하고 있지요. 근검절약하며 어렵게 모은 재산을 학교 또는 불우 이웃에게 기부했다는 기사를 볼 때마다 도전을 받곤 했어요. 이것은 아마도 모든 사람의 보편적인 생각일 것입니다.

이·미용 봉사라든지 또 여러 가지 형태의 재능기부를 하며 어려운 이들을 돕고 있는 사람들로 인해, 사회의 그늘진 부분에도 빛이 들어오지요. 이것이야말로 우리가 사는 지구에 희망이 있다는 신호가 아닐까요?

우리 가정도 언젠가 나눔을 실천할 날을 꿈꾸며 살았는데 당신의 결단을 통해 기부의 작은 씨앗을 뿌리게 되어 얼마나 감사한지요?

어느 기사를 보니 미국 가구의 55.5퍼센트의 사람들이 자선단체에 기부한다고 하네요. 우리나라 통계는 아직 찾아보지 않아 정확히 모르겠지만 우리 국민도 미국인들 못지않게 나눔이 보편화되었다고 생각해요.

심리적으로 남을 도울 때 행복지수가 28.7퍼센트 오른다고 합니다. 또 기부를 통해 사회문제가 어느 정도 해결될 수 있다고 보기 때문에 기부한다는 계층도 26.7퍼센트가 넘는다는, 통계자료를 보아도 사회에 끼치는 긍정적 영향이 매우 크다고 할 수 있지요.

기부하는 사람들의 공통적인 두 가지 말이 있는데 하나는 "행복하다", 다른 하나는 "기부도 중독이 되듯 하면 할수록 빠져든다"라고 합니다. 선순환의 반복은 이렇듯 사회를 밝게 만들고 있어요.

#2.

두 아이와 학교로 가는 길.

두 딸과 함께한 오늘은 사방이 연둣빛으로 눈이 부신 5월보다, 더 황홀했습니다. 천군만마를 얻은 것처럼 든든했어요.

오송역에서 KTX를 타고 40분간 달리면 광명역에 도착하는데 차창으로 스치는 갖가지 풍경 속에 당신이 있는 듯합니다. 모교(평의회 의장, 재단 이사 등)에서 회의가 있는 날은 이 열차를 많이 탔었지요.

당신은 목회로 인해 늘 바쁘게 생활했기 때문에 마음 놓고 쉴 수가 없었어요. 그런 와중에 기차를 타고 이동하는 이 40분 동안 생각을 정리하고 쉼표를 찍듯 잠시 심호흡도 하지 않았을까 하는 생각을 해봅니다.

나는 지금 창밖으로 스치는 5월의 풍경 속에서 내 임과 동행했던 작년(2023년 3월) 봄을 떠올리고 있습니다.

당신은 봄이 시작되는 계절에 모교에 발전기금을 전달하고 기차로 내려오면서 "이번에도 학교에 마음의 빚을 아주 조금 갚은 것 같아"라고 말하며 흐뭇해했지요.

열차에서 천진한 어린아이의 표정으로 40분간 내 손을 꼬옥 잡고 있던 체온이 아직도 내 안에 깊게 자리하고 있습니다. 이제 이 길을 내 마음속에 있는 당신과 함께 두 딸이 동행하고 있어요. 기쁨 속에 그리움이 섞여 마음이 아프네요.

총장님은 최고의 예우를 갖추어 우리를 환대해 주었지요. 하나님의 심부름을 한 것뿐인데 솔직히 많이 부담스러웠어요.

학교에서 '기부자의 벽'에 당신의 이름이 새겨진 명패를 부착

하고 헌정식을 주선해 주었습니다. 감격의 순간이었지요.

총장님이 우리 가정을 위해 축복기도를 해주시는데 나는 그 순간에 하나님의 위로를 느낄 수 있었습니다. 당신의 빈자리가 너무 크게 느껴져, 솔직히 서 있기조차 힘든 시간에 주님이 우리 가족을 위로하셨던 것이지요.

내가 식사 자리에서 총장님께 "지금 추모의 글을 쓰고 있는데 혹시 박 목사님과의 추억이 생각나면 말씀해 주세요"라고 하니 몇 가지 생생하게 기억나는 것이 있다고 하며 기록해서 보내주겠다고 흔쾌히 대답하셨어요.

그리고 출판기념회를 학교 차원에서 하고 싶다고도 했어요. 박 목사님이 교단과 학교에 선한 영향력을 많이 끼쳤기 때문에 그 뜻을 기리고 싶다고 하네요.

언젠가 당신이 발전기금을 전달하기 위해 총장님과 청주에서 만났을 때 들었던 그분의 말이 생각나네요. "목사님, 저는 총장이 된 후 결심한 것이 있는데 우리 대학의 발전을 위한 일이라면 어디든 가서 학교 홍보를 하는 등 기꺼이 영업사원과 같은 자세를 가지고 열심히 일하려고 합니다"라고 했어요. 총장이라는 권위를 깨뜨린 모습이 신선했습니다.

전달식을 마치고 열차를 타고 오는 길에 두 아이가 아빠의 빈

자리가 너무 크게 느껴졌다고 얘기하네요. 왜 안 그렇겠어요. 당신이 우리 가족을 얼마나 사랑했는데요.

집에서 가끔 애들이 아빠 이야기를 할 때 가슴이 찢어지는 통증을 느낍니다. 나는 70살이 다 되도록 친정아버지가 계셨는데 우리 아이들은 아빠가 너무 일찍 떠나서 말입니다.

기특한 우리 애들이 아빠 모교에 잘 갔다 왔다고 하네요. 아빠의 모교를 위해 기도하고 관심도 갖게 되었다면서요.

두 아이와 함께한 하루를 되돌아봅니다. 당신이 곁에 없어 많이 허전하고 그리운 날이지만, 내 임이 평생 하나님의 명령에 순종하며 지켰던 사명의 길을, 많은 이들이 기억하고 있어 그 허전함이 메꾸어지는 귀한 날이기도 합니다. 당신 덕분에 나도 부자가 된 기분입니다.

당신과
함께 하고 싶었던 것들

 당신이 하늘나라로 이사 간 후에 평소 우리 둘이서 같이 하고 싶었던 일이 무엇인지 생각해 보았어요.

 가끔 드라마에서 등장인물들이 찜질방에 모여 식혜와 구운 계란을 먹으며 즐거워하는 장면을 보고 "우리도 찜질방에 한번 갈까?" 내가 말하면 "드라마니까 재미있어 보이지, 집이 제일 편해요. 나는 열이 많아서 더운 곳은 딱 질색이야"라고 했지요.

 한 지인이 노년에 근력을 위해 스포츠 댄스를 시작하고 몇 달 되지 않았는데 벌써 다리에 힘이 생긴다고 해서 "우리도 스포츠 댄스 신청할까요?"라고 했더니 당신은 "목사가 춤추러 다닌다고 남들 입방아에 오르내려요"라고 또 거절했어요.

"은퇴한 노부부가 건강을 위해 운동 삼아 하는 것인데도 문제가 되나요?"라고 했더니 "은퇴해도 목사는 영원히 목사야. 춤은 무슨 춤?"이라고 말하며 정색을 했지요.

어디 하고 싶은 것이 위에 나열한 것뿐일까요? 위의 것은 너무 소박해서 오히려 하찮아 보이는 것인지도 모릅니다. 그 하찮은 것도 주위에서 목회자라는 프레임을 씌울 때 가십거리가 될 수도 있기에 모든 목회자의 고민거리라고도 할 수 있지요.

글을 쓰며 언뜻, 이것은 주위의 시선 때문이 아니라 '자기 자신과의 싸움이다'라는 생각이 들었습니다. 목회하면서 평생 모범이 되는 생활을 해야 하고 더 중요한 것은, '하나님이 기뻐하시는 일'이 무엇인가 고민하며 살아야 하기 때문이지요.

모태신앙으로 장로교회에서 신앙생활을 한 당신은 무척 보수적이었어요. 그래서 우리 집에서는 주일에 은혜가 되지 않는 사사로운 말도 안 하려고 조심하며 생활했지요. 주일에 쇼핑하는 것도 자연스레 금지되었고요.

어떻게 보면 율법적이라고 할 수도 있지만 평생 그렇게 살다 보니 오히려 그런 생활이 자연스러웠어요.

얼마 전에 당신의 육촌 동생이 "와인을 마시냐?"라고 문자를 보냈어요. 요즘은 남의 집을 방문할 때 고급 와인을 선물하는 사람도 있다고 하면서요. 그래서 내가, 형님은 목회자라는 직분을 떠나 태생적으로 기독교 보수주의자라고 말했어요.

해외에 나가서도 스테이크와 함께 나오는 포도주도 안 마시고 생수로 입가심했다고 문자를 보냈더니 내가 거절하는 의미를 알았다고 했어요. 와인 한 잔 마셨다고 하나님께 징계받는 것은 아니라고 생각합니다.

하나님이 기뻐하시는 목회자로 살기가 그만큼 힘이 든다는 의미이지요. 그렇다고 와인 마시는 목회자들을 비방하는 것은 절대 아닙니다. 그보다 더한 일을 했어도 감히 어떻게 정죄할 수 있겠습니까? 당신과 대부분의 목회자들이 힘든 그 길을 잘 이기고 승리한 것이 감사할 뿐입니다.

비록 당신과 함께 찜질방을 가거나 스포츠 댄스는 하지 못했을지라도 이제 와 생각하니 그런 것들은 하나도 중요하지 않습니다. 왜냐하면 당신이 할 수 있는 최선의 방법으로, '하나님을 기쁘시게 하는 것'이 무엇인지 우리에게 보여주었기 때문이지요. 이것이 당신이 내게 남겨준 귀한 유산입니다.

남들이 보기에 고리타분하고 조금은 촌스럽게 여겨지는 지난 시간이 지금은 오히려 아름다운 추억으로 남아 전혀 아쉬움이 없습니다.

아버지 2주기
추도예배를 드리며

  아버지는 눈이 시리도록 화사한 5월에 하늘로 가셨습니다. 물오른 나무에 연둣빛 잎새가 흐드러져 사방이 연초록 세상으로 변하던 때였지요.

  아버지를 하늘로 보내드리고 슬퍼하는 우리 가족의 비통함 따위는 아랑곳하지 않고, 친정집 소박한 정원에는 장미와 모란이 앞다투어 벙글거리며 웃음을 터트리던 날이었어요.

  아버지는 이 땅에서, 하나님이 허락하신 104년의 세월을 보내며 하늘로 가실 때까지 매일 시간을 정해놓고 기도할 정도로 정신력이 대단하셨지요.

입원하기 일주일 전에 교회의 중진이 전화로 안부를 물어왔을 때 "우리 교회가(제천 중앙교회) 하나님의 사랑으로 전 교인이 하나가 되어 담임 목사님이 마음 놓고 목회하시도록 잘 돕기 바란다"라고 하셨어요. 아버지는 이렇게 마지막까지 섬기시던 교회를 걱정하셨지요.

말년에는 거동이 불편하여 교회 출석은 못 하셨지만 늘 성경을 읽고 또 필사도 하며 기도로 일관된 삶을 사셨어요.

아버지는 병원에 입원해 있는 동안에도 나와 유선으로 삼행시를 지으며 즐거워하셨지요. 아버지와 내가 삼행시나 이행시를 지을 때 당신이 옆에서 지켜보았으니 다 아는 내용이지만 몇 편 옮겨볼게요.

1. 마: 마음으로 좋은 생각만 해야 한다
   음: 음침하거나 불순한 생각을 하지 말자
2. 카: 카메라로 사진을 찍는다
   메: 매(메)번 찍어도 보기에 늘 새롭다
   라: 나(라)도 카메라를 사서 사진을 찍고 싶다
3. 코: 코로나는 위험한 전염병이다
   로: 노약자가 더 위험하다고 한다
   나: 나는 100세가 넘어 코로나 백신을 맞았다

당신은 그때 우리 부녀가 삼행시를 지으며 대화하는 모습을 옆에서 지켜보며 흐뭇해했지요. 그리고 삼행시를 마치고 나면 "오늘 아버지 컨디션은 좀 어떠신가? 그대가 오늘도 작은 효도했네. 울 아버지 정신력은 참 대단하시지"라고 했어요.

100세에 시작한 영어공부는 우리 모두를 놀라게 했지요. 그 연세에도 새로운 것에 대한 도전을 멈추지 않는 아버지를 보며 젊은 우리도 많은 깨달음을 얻는 기회가 되었지요.

50문장 정도 가르쳐 드렸는데 지루해하시지 않고 매일매일 열심히 따라 하셨어요. 그중에서도 정원에 핀 백장미를 보고 "화이트 로즈"라고 정확히 발음하실 때 우리는 손뼉을 쳤습니다.

아버지가 하늘로 가시고 친정집 정원에 핀 백장미를 볼 때마다 "화이트 로즈"라고 자신 있게 말씀하셨던 아버지의 음성이 환청처럼 들려 수없이 통곡했지요.

어느 날 저녁 아버지가 입원한 병실 창가로 저녁노을이 살짝 마실을 나왔어요. 병실 안이 온통 붉은빛으로 물든 것을 보신 아버지는 "낙조는 하나님께서 인간을 사랑하셔서 하늘에 그린 붉은 그림"이라고 하며 무척 행복해하셨어요.

104세 우리 아버지의 정서가 얼마나 멋있는지요. 당신도 그때 아우의 말을 전해 듣고 "우리 아버지는 무척 감성적이시네, 대단하시다"라고 했지요.

그때 아버지는 어린 시절 평안북도에 있는 고향에서 보았던 낙조의 추억을 아우에게 말씀하셨고 아우는 곧바로 나에게 전화로 그 말을 전해서 글을 썼지요. 아버지께 전화로 읽어드리니 "어린 시절의 기억이 생생하게 떠올라 무척 행복하구나"라고 하시며 조금 틀린 곳이 있다고 수정하라고 하셨어요. 급히 수정해서 읽어드리려고 했는데, 그 작은 효도를 못 하고 말았네요.

아버지께서 생전에 말씀하신 것을 재구성해 두었던 글을 지면에 옮겨봅니다.

아버지 기억 속의 단오 풍경과 낙조

평안북도 만포에 살 때 나(아버지)는 단오 명절에 두 동생(1명은 사촌동생)과 시장 구경을 가기 위해 아침부터 부산하게 움직였다. 초여름인데도 그날따라 살랑이는 바람이 기분 좋게 두 볼을 간지럽힌다.

부모님은 오랜만에 나들이하는 아들에게 맛있는 것 많이 사 먹으라고 지폐를 손에 쥐여주셨다. 당시 15세 청소년이던 나는 3살 아래의 두 동생과 오랜만에 우리끼리(?)의 시간을 즐길 수 있어 기분이 몹시 들떠 있었다. 이미 거리엔 많은 사람이 장이 서는 것을 구경하고 있었다.

지금의 오일장보다 더 크게 섰던 장터에서 사람들은 가격을 흥정하고 덤을 얻으면 좋다고 콧노래를 부르며 다음 장소로 옮겨 다녔다.

두 아우는 내 손을 잡고 다니다 떡집 앞에서 발길을 멈췄다. 내가 눈치를 채고 두 아우에게 "떡 사줄까?" 하고 물으니 약속이나 한 듯 박수 치며 좋아라 했다. 떡집으로 들어가 부모님께 받은 용돈으로 떡을 사서 두 동생에게 주고 나도 한입 베어 물었다.

떡집 주인은 떡을 맛있게 먹고 있는 우리를 보고 "학생들이 참 잘생겼다"라고 말했다. 그 말을 들은 우리는 기분이 더 좋아져 서로 마주 보고 쑥스럽게 웃었고 나는 그런 아우들의 머리를 쓰다듬어 주었다.

우리는 먹고 남은 떡을 주머니에 넣고 씨름 장소로 갔다. 어디를 가든지 발디딜 틈 없이 구경꾼들로 만원이었다. 건장한 남자들이 샅바를 허리에 두르고 힘 겨루는 것을 보며 한참을 그곳에 서서 응원을 하다, 여자들이 그네 타는 장소로 옮겨갔다.

한복을 곱게 차려입은 소녀들이 그네 발판에 두 발을 딛고 발을 구를 때마다 마치 천사가 하늘 높이 올랐다 내려오는 것 같았다.

우락부락한 남자들이 마주 서서 씨름하는 것과 전혀 다른 아름다운 장면이 10대 초반인 우리의 시선을 오래도록 붙잡았다.

단옷날 하루 종일 시내 구경을 하고 집으로 돌아오는 길에 낙조를 보기 위해 압록강 쪽으로 가 나룻배를 탔다. 진종일 온 세상을 공평하게 사랑하듯이 찬란했던 태양이 서서히 바다로 몸을 숨기는 순간 세상은 수줍은 듯 진홍빛 물이 들어버렸다. 강물은 서서히 침잠하는 태양을 품어주고 우리는 숨을 죽이고 붉은 세상에 10대의 몸을 맡겨버렸다.

잠시 후 두 아우가 침묵을 깨며 "형 내 몸이 온통 붉은색으로 물들어 버렸어"라고 했다. 나는 낙조에 흔들리는 강가에서 두 아우를 꼬옥 안아주었다.

나는 그때 자연의 신비가 이토록 아름다운 것은, 범접할 수 없는 전능자의 손길이 세상을 창조했기 때문이라고 생각했다. 강물이 태양을 삼켜버리고 사방에 칠흑 같은 어둠이 서서히 몰려올 때, 우리는 주머니에 넣어두었던 떡을 조금씩 떼어 먹으며 배를 타고 왔던 길을 건너와 집으로 향했다.

어머니는 저녁밥을 짓다 해가 지도록 자식들이 오지 않자 몸이 달아, 어둠 속에서 앞치마를 두른 채 문밖에 나와서 다 큰 애들을 기다리고 계셨다. 아~ 어머니! 우리는 몇 년 만에 해후를 한 것처럼 엄마 품속으로 와락 달려들었다.

그 후 나는 낙조를 볼 때마다 15살에 즐기며 느꼈던 단옷날이 생각난다. 형을 믿고 하루 종일 길동무가 되어주었던 믿음직스러운 두 동생과 유난히 따뜻했던 어머니 품속을….

어느 날 갑자기 터진 한국전쟁은 이렇게 따사롭고 소박한 우리의 가정과 기억을 송두리째 빼앗아 가 버렸고, 부모님은 물론 형과 동생들을 만나지 못한 지가 어언 70년이 넘었다.

그러나 내가 104세가 되도록 버틸 수 있었던 것은 12살의 내 아우와 단오에 떡을 사 먹던 그 시절로 종종 회귀하며 그리운 이들을 기억 속에서 만날 수 있기 때문이다.

이처럼 아름다운 기억은 오늘도 내 삶을 버틸 수 있게 해주는 원동력이 되며 또 누군가의 추억 속으로 포개어져 선순환을 일으킬 수 있다.

이 글은 전화로 아버지께서 하신 말씀을 재구성한 것이다.

아버지는 슬하에 사 남매를 두셨는데 특히 당신을 마음으로 낳은 아들이라고 하시며 무척 사랑하셨어요. 당신 생일엔 꼭 책을 사서 속지에 "사랑하는 내 아들 지혜 아범, 목회 승리 하기 바란다"라고 손글씨를 써 주시곤 했지요.

수십 년 동안 책을 선물하시던 아버지가 돌아가시기 1년 전에 우리를 부르시더니 "올해는 생일 선물로 책보다 너희들에게 운동화를 선물할 테니 둘이서 사이좋게 손잡고 산책할 때 신고 다니거라"라고 하셨지요.

아버지는 항상 그러셨듯이 이번에도 아버지를 뵙고 집으로 돌아올 때 여비를 주시며 "건강관리 잘해서 아버지처럼 장수하기 바란다"라고 손글씨로 쓴 쪽지를 당신 손에 건네주셨어요.

당신은 아버지의 사랑을 받을 때마다 "울 아버지의 크신 사랑을 앞으로 얼마나 더 받을 수 있을까?"라고 말하곤 했었죠.

우리는 집으로 돌아와 백화점으로 가서 커플 운동화를 사 신고 아파트 주변을 걸으며 참 많은 이야기를 나누었어요.

아버지가 하늘로 가신 후, 어느 날 산책하다 내가 하늘을 올려다보며 "아버지 보고 싶다"라고 말하자 당신도 "아버지! 저희들

아버지가 선물한 운동화 신고 있어요. 앞으로 숙희 더 많이 사랑하겠습니다"라고 했지요.

 우리는 약속이나 한 듯 두 눈에 눈물이 그렁한 얼굴로 하늘을 올려다보았어요. 그때 달무리가 둥근 달을 감싸안고 있었지요. 사방이 숨을 멈춘 듯 고요한 어둠의 시간에 순간, 둥근 달무리가 마치 울 아버지의 사랑처럼 느껴졌었지요. 우리는 손을 꼬옥 잡은 채 그 자리에서 아버지를 향한 그리움의 돌이 되었어요.

 아버지가 하늘로 가시고 우리 가족은 슬픔의 늪에서 오랫동안 헤어나지 못했지요. 가까운 장래에 있을 해후의 약속을 믿지 못해서가 아닙니다. 이제 다시는 아버지의 인자한 미소와 목소리를 느낄 수 없다는 참담함과 함께, 상실로 인한 그리움이 온몸을 에워싸고 있어서이지요.

 우리 가족은 1년여 시간 동안 치료 약도 없는 애도의 시간을 보내며 참 많이 힘들었습니다. 그러다 청천벽력이 떨어지듯 이제는 당신마저 하늘로 가고 말았지요.

 친정에 오니 귀하디귀하다는 노란 장미가 현관 앞에서 꽃잎을 열고 우리를 반겨주었습니다. 2년 전 하관 예배를 마치고 집으로 왔을 때도 아버지의 부재로 인해 허전한 집에서 샛노란 장미가 우리를 맞아주었던 것 당신도 기억하지요?

 그때 우리의 시야에 들어왔던 노란 장미는 아버지가 "이다음에 천국에서 다시 만나자"라고 말씀하시며 위로하는 것 같았어요. 노란 장미의 자태는 아버지의 온화한 미소 같았지요. 그러나 너무 아름다워서 오히려 온몸으로 슬픔이 몰려왔습니다.

친정에서 잠시 머물며 눈길이 가는 곳을 바라봅니다. 마치 당신이 있는 것 같아 다시 봅니다. 건장한 체구의 나의 임이 집 안 이곳저곳을 살피며 비질을 하고 거미줄을 걷고 잡초를 뽑고 있는 것 같아서요. 그러나 그 어디에도 당신이 눈에 띄지 않아 슬프네요.

아버지께는 죄송한 일인데 나는 아버지의 추도일에 당신의 부재로 인해 더 아파하고 있습니다. 아직도 거짓말 같은 사실이 믿기지 않고 실감이 나지 않아서입니다.

그러나 어느 날 슬픔의 장막이 걷히고 나면 기쁨의 시간도 찾아온다는 것을 믿기에 오늘도 위로를 받습니다.

아버지의 추도예배를 마치고 귀갓길에 올랐습니다.

아버지가 평소에 좋아하셔서 암송도 하고 필사도 하셨던 〈시편〉 23편의 말씀이 내 속에서 노래가 되어 흘러나옵니다.

"여호와는 나의 목자시니 내게 부족함이 없으리로다.
그가 나를 푸른 풀밭에 누이시며 쉴 만한 물가로 인도하시는도

다. 내 영혼을 소생시키시고 자기 이름을 위하여 의의 길로 인도하시는 도다.

내가 사망의 음침한 골짜기를 다닐지라도 해를 두려워하지 않을 것은 주께서 나와 함께 하심이라. 주의 지팡이와 막대기가 나를 안위하시나이다.

주께서 내 원수의 목전에서 내게 상을 차려주시고 기름을 내 머리에 부으셨으니 내 잔이 넘치나이다.

내 평생에 선하심과 인자하심이 반드시 나를 따르리니 내가 여호와의 집에 영원히 살리로다(<시편> 23편 1~6절)"

〈시편〉 23편을 암송하며 차창 밖으로 고개를 돌리니 5월이 스치듯 지나갑니다. 우리의 인생도 어느 날 뒤돌아보면 이렇게 눈 깜빡할 사이에 사라지겠지요.

어느 날엔가 내가 쌓았던 인생의 대소사를 다 내려놓고 주께서 오라 하시는 날, 빈손으로 가야 할 텐데 천년을 살 것처럼 하나님 앞에 설 준비를 하지 않은 채 살고 있어 많이 부끄럽네요.

나는 오늘 아버지와 사랑하는 내 임이 우리 가족에게 일깨워준 믿음의 본을 되새김질하며 주께서 부르시는 날, 나도 아버지나 내 사랑 당신처럼 그렇게 신실한 하나님의 종으로 살다 가고 싶다는 소망을 품어봅니다.

여행을
다녀왔습니다

#1.

요 며칠 하와이에 다녀왔습니다.

당신은 수년 전부터 하와이에 있는 이승만 대통령의 기념관(하와이 한인교회 내에 있음)을 방문하려고 계획했었지요. 그러나 전혀 뜻하지 않게 나 혼자 오게 되었네요.

외국에 갈 때마다 느끼는 것이지만 외국인들은 사람을 대하는 태도가 닮고 싶을 정도로 자연스러워요. 물론 요즘은 우리나라 사람들도 친절이 몸에 배어 있지요.

친절은 남을 진심으로 배려하는 마음이라고 할 수 있는데, 그럴 때 나 자신이 더 행복해지는 것을 느낄 수 있지요.

피부색과 언어가 다른 사람들과 잠깐이지만 한 공간에서 지내며 그들의 문화를 접하는 기회도 해외여행이 안겨주는 기쁨이지요.

잠시 일상을 떠날 수 있는 여유가 여행객들의 마음을 들뜨게 하네요. 그래서 떠들썩한 분위기가 하나도 눈에 거슬리지 않아요.

당신이 하늘에서 내려다보며 내게 말을 하는 것 같습니다.

"즐겁게 여행하기 바라오"라고요. 그러나 나는 "솔직히 전혀 즐겁지는 않아요"라고 대답합니다. 그저 홀로서기를 위한 '다지기'를 하는 시간일 뿐입니다.

아파트나 고층 빌딩을 지을 때 다지기를 잘해야 균열이 생기지 않고 건물이 오래도록 잘 보존되는 것처럼, 이제 내게는 평생 다지기의 훈련이 필요할 것 같습니다. 그래야 나의 남은 생애를 주님이 원하시는 그릇으로 살아갈 수 있으니까요? 그래서 길을 떠난 것이지요.

당신과 함께했던 시간과, 이제 이후로 나 혼자 가는 시간은 극과 극처럼 전혀 다를 수밖에 없지요. 이 현실을 받아들이는 데 어쩌면 평생 혼란스러울지도 모릅니다. 아직 혼자라는 사실이 익숙하지 않아 '지금의 이 상황이 뭐지?' 하고 고개를 흔들어 강하게 부정할 때가 많습니다. 이렇게 낯선 감정은 아마도 일생이라는 시간이 걸릴 것 같아요. 그러면서 서서히 다져지겠지요. 혹자는 "시간이 가면 잊어진다"라고 말하기도 하지만 천만에요. 잊히는 것이 아니라 내 속에 당신의 사랑이 더 깊이 축적되겠지요. 그 사랑을 딛고 일어서는 겁니다.

성급해지지 않으려고 합니다. 생각만 해도 낯설고 황당해지는 지금의 상황을 수용은 하되 애도의 시간을 잘 겪어내려고 합니다. 그래야 당신처럼 품위 있게 하늘나라에 입성할 수 있으니까요.

#2.

여행을 마치고 무사히 귀가했습니다. 현관문을 열고 집에 들어서자 우리 집만의 특별한 분위기가 주인을 반겨주네요. 확실히 우리 집에 온 것이 맞아요. 내가 여행 가방을 내려놓으며 두 아이에게 "아무리 좋은 호텔이라도 우리 집이 제일 좋다"라고 하니 두 아이가 대뜸 하는 말 "우리의 본향은 하늘나라이니까 아빠는 본향에서 무척 즐겁게 지내시겠네. 우리도 신앙생활 잘하다 하늘나라로 돌아가야지"라고 말하네요.

순간 뒤통수를 한 대 세게 맞은 느낌이 들었습니다. 요즘 당신을 잃은 상실감이 크게 다가와 내가 잠시 본질을 망각한 것 같아서입니다. 잠시 나그네로 살고 있다는 사실을 깜빡했어요.

당신은 지구라는 별에서 하나님의 신실한 종으로 참 성실하게 살았어요. 평생 '목양일념'의 정신으로 주님께서 맡겨주신 양 떼에게 아낌없이 사랑을 쏟아부었지요.

어느 날 모 권사님이 "다른 교회는 주일에 교회식당이 있어도 봉사자가 부족해 교인들에게 외부음식을 제공하는데, 우리 교회는 서로서로 앞장서서 일하려고 해 교회에 생동감이 넘쳐 좋다. 이것이 다 원로 목사님께서 오래전부터 신자들의 신앙을 잘 다져주었기 때문에, 한마음이 되어 기쁘게 일할 수 있게 되었다"라고 했어요.

당신이 언젠가 서문교회에 부임해 이런 말을 한 적이 있어요. "선대 목사님께서 목회하시는 동안 교회 건축을 하셨기 때문에 후임자는 건축에 신경 쓰지 않고 목회에만 전념할 수 있게 되어 선대 목사님에게 감사한다"라고 했지요. 당신 말이 맞아요. 이것은 교회에만 국한된 것은 아니지요.

얼마 전에 본 다큐 영화 '건국전쟁'에서 우리나라 이승만 초대 대통령이 미 의회에서 연설했던 내용 중 한 부분이 아직도 나의 뇌리에 남아 있습니다.

"삶이란 먼저 살다 간 사람들에게 신세를 지는 일이다"

당신이 선대 목사님에게 감사한 마음을 갖는 것처럼 당신의 후임 목사님도 또 그 이후에 사역하는 목회자도 다 똑같은 마음일 것입니다. 역사는 감사의 레일 위에서 올바른 방향으로 전진하는 것이니까요. 그래야 우리의 후손이 살아갈 세상에 소망이 있지요.

서두에 본향이라는 글로 시작했는데 이야기가 조금 다른 방향으로 전개된 것 같네요. 하지만 우리가 본향을 가기 위해 나그네로 사는 이 땅에서 맡은 일에 최선을 다해야 하니, 결국 같은 맥락이라고 해도 무난할 것도 같습니다.

얼마 전에 K 선교사님 내외분과 만나서 이야기할 기회가 있었어요. 사모님이 "인생 최고의 하이라이트는 죽음이다"라며 너무도 멋진 말을 했습니다. 이 세상에서 하나님이 주신 사명을 완수하고 본향에 입성하니 이처럼 행복한 일이 어디 있겠느냐고 하네요. 나도 그 말에 백 퍼센트 동감합니다.

당신은 이 세상에서 마지막까지 주님이 주신 사명을 완수했지요. 하늘에 입성하는 엄숙한 순간! 이 땅에서 얼마 남지 않은 시간에 선교사를 만나서 격려해 주고 병원에서 당신을 돌봐주었던 간병사를 전도했으니 마지막까지 전도의 사명을 감당했어요.

문병 왔던 우리의 두 아이에게 "이 세상에서 예수님 잘 믿다가 하나님 앞에 서는 것만큼 위대한 일은 없으니 신앙생활 잘하거라"라고 당부했지요. 그리고 며칠 후에 하나님의 부르심을 받았습니다.

 누구도 피할 수 없는 죽음과 마주하며 삶이 단절되는 고독한 순간에 두려움이 몰려올 수도 있는데, 마지막까지 사명을 이행하는 모습이 곁에서 보기에 숭고하게 느껴졌습니다. 하나님께서 이런 당신을 보고 얼마나 기뻐하셨을까요?

 저녁이 되면 무사히 보낸 하루에 감사하게 되지만 모든 것이 정지된 것 같은 밤의 침묵은 내 의식을 휘저어 놓고 지나갑니다. 그때마다 나는 아무 생각 없이 창가에 앉아 까만 밤을 들여다보지요. 현실을 인식하면 맨정신으로 살 수 없으니까요.
 당신이 우리 곁에 없다는 거짓말 같은 사실에 하루에도 수십 번씩 내 의식이 침몰하고, 그리움은 썰물과 밀물이 되어 내 마음을 적시고 있습니다. 온종일 상실의 아픔으로 심하게 휘청이지만, 정신을 차리고 되돌아보면 삶의 자리에 서 있는 나를 발견하곤 합니다. 이것이야말로 전적으로 주님의 은혜입니다.

 오늘은 새 찬송가 245장의 가사 "저 좋은 낙원 이르니 내 기쁨 한이 없도다. 그 어둔 밤이 지나고 화창한 아침 되도다"의 가사가 입에서 자꾸 맴돌고 있네요. 당신이 있는 곳이라서 그런가 봅니다.
 이제는 이 세상 수고를 다 마치고 천국에서 편히 쉬고 있을 내 임의 모습을 그려봅니다. "잘 계시지요? 평안하지요?" 당신이 미치도록 그리운 이 밤입니다. 그러나 나도 인생의 하이라이트인 '죽음'의 순간을 복되게 맞이하기 위해 당신처럼 최선을 다해 달려가고 싶습니다. 그러기 위해서는 애도의 긴 여정을 잘 통과해야 하는데 솔직히 당신이 너무 그리워 가슴이 미어집니다.

오늘 밤에도 당신을 만날 수 있을까 하여 꿈길 어귀를 서성이고 있는 나를 발견합니다.

#3.

두 딸과 함께 경주 여행길에 올랐습니다.

당신이 그토록 그리워하던 서라벌에 입성해 제일 먼저 건천에 있는 박목월 생가를 찾았지요. 방문객들을 위해 입구에 마련한 방명록에 두 아이가 하고 싶은 말을 쓰는데 갑자기 눈물이 시야를 가리네요.

불과 한 해 전 두 아우와 이곳에 들렀을 때 당신은 "그리워서 또 왔습니다. 청주 나그네"라고 기록했지요. 아직도 당신이 방명록에 기록한 한 줄 문장이 기억에 생생하게 남아 있는데, 4인 가족이던 우리는 이제 3인 가족이 되어, 천재 시인의 고택에서 당신의 흔적을 떠올리고 있습니다. 이 땅에서 나그네 인생을 장엄하게 마친 당신을 그리워하며….

지난해에 방문했을 때 입구에 화살나무의 붉은 잎새가 우리를 반기더니 올해는 천인국 축제가 펼쳐진 듯 생가 전체가 황금빛으로 물들어 있었지요.

첨성대 근처에 숙소를 정하고 천년고도에서 잠시 머물다 가기로 했습니다. 이번 여행은 유적지를 보러 온 것이 아니라 당신과 함께한 추억 속으로 직면하는 시간을 갖는 것이지요.

발길 닿는 곳마다 당신의 모습이 아른거려 다리가 휘청이지만 일부러 당신과 함께 묵었던 숙소와 식당 그리고 찻집에 다시 들러 사랑하는 내 임의 모습을 떠올립니다.

우리의 두 아이는 이제부터 아빠 없는 세상에서, 엄마와 함께하는 역사를 새로 쓰겠지요. 이것을 생각하면 마음이 너무 아파요.

세 식구가 첨성대 앞에서 셀카로 사진을 찍었습니다. 사진 속에 세 사람이 있습니다. 당신의 부재가 느껴지는 순간 왠지 낯설어 마음이 아리네요.

천년고도 서라벌에 우리의 흔적을 한 점 남기고 귀갓길에 올랐습니다.

참 아름다워라

여보!

당신이 온 마음을 다해 사랑했던 교인들이 서로 다정하게 지내는 것을 가까이서 보았어요. 참 아름다운 그들의 모습을 보고 당신도 기뻐할 것 같네요.

A: "수술하기 전에 기력 회복하라고 이곳으로 왔어요.
　　식사 맛있게 하고 수술 잘 받기 바라요"
B: "고마워요. 국물이 따끈해서 좋네요"

삼계탕을 앞에 놓고 두 권사님이 나눈 대화를 옆에서 들으며 두 분의 우정이 봄날의 햇살처럼 내게도 따뜻하게 전해졌습니다.

권사님들의 우애는 자녀들이 어렸을 때부터였다고 하니 족히 40년이 넘었을 것 같네요. 지금까지 한 교회(서문교회)에서 신앙생활을 하며 믿음을 지키고 있는 모습이 귀하게 느껴졌습니다.

그들이라고 지금처럼 아름다운 날만 있었을까요? 어쩌면 그 누구보다 더 인생의 풍랑을 겪었을지도 모릅니다. 그러나 그때마다 오직 하나님만 바라보는 믿음 하나로 오늘에 이르렀겠지요.

15,000일이 넘도록 일편단심으로 신앙생활을 하는 것도 귀한 일인데 서로를 위해 중보기도 하는 것은 물론 주변에 있는 많은 이들을 알게 모르게 섬기고 있지요. 섬김에는 남들이 알지 못하는 기쁨이 따르고 또 섬김에는 하나님의 축복이 있다는 것을 그들은 이웃에게 체험으로 보여주고 있습니다.

며칠 후에 수술 날짜를 잡아놓고, B는 우리와 만나기로 한 하루 전에 집에서 온종일 도토리묵을 쑤어서 A와 나에게 나누어 주었어요. 수술을 앞두고 마음이 복잡할 텐데 친구에게 줄 도토리묵을 손수 만들어 건네는 마음은 사랑이 아니면 불가능하지요.

삼계탕으로 점심을 먹고 우리가 사는 아파트로 가는 동안 B는 심장이 약한 A를 위해 도토리묵을 담은 그릇을 들고 길을 걸었습니다. A가 괜찮다고 해도 "심장에 무리가 가면 안 된다"고 하며 친구를 위해 기꺼이 묵을 들어다 주었어요.

우리는 백화점에 있는 찻집에 들러 차를 마시며 즐겁게 보냈지요. A는 B를 위해 밀크티를 주문했습니다. B가 배가 부르다고 사양해도 A는 따끈한 밀크티를 그녀 앞으로 내밀며 목을 축이라고 하네요. 마주 보고 있는 두 사람의 눈빛이 정겹고 애틋해서 주위가 다 연분홍빛으로 채색되었어요. 옆자리에 앉아 이야기를 나누고 있는 사람들까지 행복해 보였지요. 전혀 모르는데도 그렇게 느껴졌습니다.

내가 그림을 그릴 줄 알면 A와 B의 아름다운 우정을 화폭에 옮기고 싶다는 생각이 언뜻 들었습니다.

그림 이야기를 하니까 이중섭 화가의 일화가 생각납니다. 시인 구상과 이중섭의 관계는 관포지교(管鮑之交)와 같은 변함없는 우정으로 소문이 나 있지요.

비교적 여유로웠던 구상은 그 당시 이중섭을 포함해 많은 예술가에게 크고 작은 도움을 주었다고 하네요.

어느 해 구상이 폐결핵으로 한쪽 폐를 절단하고 입원해 있을 때 과일 살 돈이 없을 정도로 어려웠던 이중섭은 흰 종이에 천도복숭아를 그려 구상의 병실로 가져왔다고 해요.

병문안을 온 이중섭은 "빈손으로 오기가 뭐해서 천도복숭아를 그려서 왔네. 옛날 어른들이 천도복숭아를 먹으면 무병장수한다고 하지 않던가. 자네도 이것 먹고 어서 병상에서 일어나길 바라네"라고 말했다고 하지요.

훗날 구상은 지금까지 먹어본 복숭아 중에서 '눈으로 먹은 대향(大鄕, 이중섭의 호)의 복숭아'가 제일 맛이 있었다고 했지요. 그는 이중섭에게 받은 천도복숭아 그림을 서재에 걸어두고 타계할 때까지 감상했다고 합니다. 눈물이 나도록 아름다운 두 사람의 이야기는 여러 번 반복해서 읽고 또 읽어도 늘 새로운 감동으로 마음을 적셔주고 있습니다.

나는 두 권사님의 우정도 이에 못지않다고 생각합니다. B가 대수술을 잘 이겨내고 보름 후에 요양하기 위해 청주 외곽에 있는 병원에 입원했을 때, A는 친구를 위해 자주 전화통화를 했다고 하네요. "B가 공기 좋은 산속의 병원에서 요양하고 있으니 건강을 위해서는 좋지만 얼마나 적적할까요?"라고 하며 걱정했습니다.

어느 날 A가 나와 만나 "오늘도 B와 30분 이상 통화했어요. 그녀가 수술한 지 얼마 되지 않아 기운이 없어 하길래 내 말을 듣기만 하라고 하며 이것저것 이야기해 주었지요. 산속에서 적적해하는 친구의 말동무가 되니 나도 무척 행복하네요"라고 말했어요. 그 말을 하는 A의 얼굴이 복사꽃처럼 환하게 빛났습니다.

주는 것을 좋아하는 두 사람은 콩 한 쪽이 생겨도 서로 나누는데 이해타산이 전혀 없는 A와 B의 순수한 우정이 아름답기만 합니다.

권사님들의 각별한 우정을 생각하며 영국의 어느 출판사에서 친구란 낱말에 대해 정의 내린 것을 옮겨봅니다. "진정한 친구란 온 세상이 다 나의 곁을 떠났을 때, 나를 찾아오는 사람(A real friend is one who walks in when the rest of the world walks out)"이라고 합니다.

A는 만날 때마다 주님이 주시는 기쁨으로 생활하니 감사가 넘친다고 했어요. 하나님의 은혜로 요즘은 교회의 모든 공적인 예배에 출석할 정도로 건강이 호전되었지요.

B는 몸이 완쾌되면 앞장서서 전도하고 환우들을 위해 더 열심히 기도하겠다고 합니다. 정기검진 결과가 매우 좋다는 소식을 듣고 우리는 한마음이 되어 내 일처럼 기뻐했습니다.

두 사람은 만날 때마다 "감사! 감사!"를 입에 달고 있어요.

A와 B의 우정이 성경에 나오는 '다윗과 요나단' 그리고 '구상 시인과 이중섭 화가'처럼, 가고 오는 세대에 주님이 주시는 은혜 안에서 아름다운 전설이 되기를 소망해 봅니다.

최근에 가까이에서 본 두 사람의 단편적인 모습이 이리도 아름다운데 15,000날이 넘는 낮과 밤을 지나며 함께 손잡고 걸었던 그 길은 얼마나 더 보배로울까요?

두 사람의 우정에 박수를 보내며 홍수희 시인의 〈친구〉라는 시를 띄워봅니다.

친구

오랜 침묵을 건너고도

항상 그 자리에 있네

친구라는 이름 앞엔

도무지 세월이 흐르지 않아

세월이 부끄러워

제 얼굴을 붉히고 숨어 버리지

나이를 먹고도

제 나이 먹은 줄을 모른다네

항상 조잘댈 준비가 되어 있지

체면도 위선도 필요가 없어

있는 그대로의 서로를 웃을 수 있지

애정이 있으되 묶어 놓을 이유가 없네

사랑하되 질투할 이유도 없네

다만 바라거니

어디에서건 너의 삶에 충실하기를

마음이 허전할 때에

벗이 있음을 기억하기를

신은 우리에게 고귀한 선물을 주셨네

우정의 나뭇가지에 깃든

날갯짓 아름다운 새를 주셨네

내 꿈을
하늘 사다리에 걸어두다

2016년 7월로 기억되네요. C 장로님의 아들 B가 뇌암 판정을 받고 수술하게 되었지요. 그 당시 담당 주치의는 "암의 부위가 깊어 생존확률은 앞으로 2~6개월 정도 예측한다"라고 했어요.

이 소식을 들은 교회의 모든 구성원이 하나가 되어 공적인 예배를 드릴 때는 물론 소그룹 모임에서도 B를 위한 중보기도를 계속 이어갔지요.

B가 수술을 무사히 받고 퇴원하자 전 교인이 내 일처럼 기뻐하며 그의 건강을 위해 더 기도했어요.

B가 몇 달 후 정기검진을 받기 위해 병원에 갔을 때 담당 주치

의가 B의 뇌 사진을 보더니 고개를 갸우뚱하며 "암세포가 안 보이네? 이것은 의학적으로는 절대 불가능한 일인데 아마도 제3의 힘이 도우신 것 같다"라고 말했답니다.

우리는 B의 말을 듣는 순간 중보기도의 힘이 크다는 것을 느낄 수 있었지요.

2개월 또는 길어야 6개월 살 수 있다던 B는 점점 몸이 회복되어 정상적으로 생활하며 3년 가까이 건강하게 잘 지냈지요.

당신이 목회 사역에서 은퇴하던 날 B가 사무실로 찾아와 "목사님 그동안 기도해 주셔서 고맙습니다"라는 내용의 손편지와 함께 그 귀하디귀한 홍삼을 선물로 놓고 갔지요.

당신이 은퇴하고 7개월쯤 지난 2018년 봄에 장로님이 우리 내외를 집으로 초대한 것 기억하지요? "텃밭에 심은 푸성귀를 올해 처음 뜯었을 때 목사님 생각이 간절했다"고 말하며….

그 마음과 정성이 지금 생각해도 고맙기만 하네요. B는 친구 만나러 나가고 집에 없었어요.

장로님은 원래 아파트에 살았는데 아들의 건강을 위해 2년 전에 주택을 지어 이곳으로 이사했지요.

B의 방은 고개만 들면 창밖으로 청주 시내가 한눈에 다 들어오는 2층에 있었어요. 시야가 탁 트인 전망 좋은 곳에서 지내는 B가 건강하기를 바라며 사방을 둘러보았지요. 진초록 잔디가 아름

답게 깔린 그림 같은 집과 부모님의 지극정성이 B를 지금까지 건강하게 지켜준 것 같다는 생각이 언뜻 들었습니다.

  올해(2018년) 5월이었나요? 우리가 아파트 주변을 산책할 때 B가 활짝 웃으며 다가와 친구들과 영화 보러 왔다고 말했지요. 그때 정말로 건강해 보였어요.
  우리가 사는 아파트 근처에 복합 영화관이 있어 많은 사람이 이용하고 있지요. 당신은 친구들과 멀어져 가는 그의 등 뒤에 대고 "나도 계속 기도하고 있으니 B도 건강을 위해 기도 많이 해야 한다"라고 당부한 거 기억나지요?
  그리고 8월….
  폭염이 계속되던 어느 날 B의 몸에 암세포가 다시 퍼졌다고 급한 전화가 왔어요. 병원에서는 이제 더 이상 치료할 방법이 없기 때문에 호스피스 병동으로 가기를 권유했다고 합니다.

  살인적인 더위가 우리 몸을 지치게 하는 이 여름에 B를 위해 할 수 있는 것이 아무것도 없다는 무력감이 어깨를 짓눌렀어요. 나이 지긋하신 모 집사님은 "나 같은 늙은이나 데려가지, B는 이제 겨우 29세 청년인데"라고 하며 발을 동동 굴렀어요.
  당신은 B가 입원해 있는 병원으로 한달음에 달려갔지요. B의 머리에 있는 암 덩어리가 중추 신경을 눌러 팔다리가 마비되었다고 하네요. 거기다 머리 통증이 심해 목 베개를 하고 말도 하지 못한 채 자는 듯이 누워 있었지만, 그나마 얼굴이 수척하지 않아 위로가 되었어요.

 장로님 내외분은 담담한 얼굴로 하나님의 뜻을 기다리겠다고 하네요. 금쪽같은 자식이 생사의 갈림길에서 헤매고 있는 현실 앞에 당황하지 않고 침착하게 대처하는 장로님의 믿음이 숭고하게 느껴지는 순간이었습니다.

 당신은 간절한 마음으로 B의 이마에 손을 얹고 기도했어요. 그들과 작별하고 집으로 오는 길, 안타까워하는 우리의 마음과는 달리 그날따라 차창 밖의 하늘이 유난히 파랗게 느껴졌습니다.

 오늘이 말복, 기승을 부리던 더위도 이제 한풀 꺾이겠지요? 그리고 얼마 후에 가을이 찾아오겠지요.

 피조물인 우리는 하나님의 뜻을 잘 모르지만 전능하신 그분의 뜻을 믿고 순종해야 하는 믿음 하나는 분명합니다. 그래서 하늘을 응시하며 꿈 하나를 하늘 사다리에 살며시 걸어놓았어요.

 지난봄 우리가 사는 아파트 근처에 있는 영화관에 왔을 때처럼 '건강한 B의 모습을 다시 보고 싶다'라는 소망을 가득 담아서….

 영화 필름을 돌리듯 그때 그 광경을 떠올려 봅니다. 아직 가을이 먼데 8월의 하늘이 유난히 높고 눈이 부시네요.

그리고 B는 2018년 9월 10일 하늘의 별이 되었지요.

2020년 5월 23일 두 분이 우리 내외를 집으로 초대했어요.
B가 하늘로 떠나던 그해 5월에, 별장처럼 아름다운 이 가정에 발을 들여놓은 지 거의 2년 가까이 지나서 다시 초대를 받은 것입니다.
두 분의 성품처럼 정갈하게 정돈된 거실에 앉아 주위를 둘러보았는데 선입견 때문일까요? 왠지 허전한 느낌이 들었어요.
창밖으로 고개를 돌리니 거실 창으로 환히 보이는 정원의 잔디에 초여름 바람이 싱그럽게 내려앉았지요. 정물처럼 고요한 집에 대문 곁에 매어둔 백구의 작은 울음이 가끔 적막을 깨는 것 외에, 닭장에 둥지를 틀고 있는 청계도 잠이 들었는지 조용하기만 하네요.
200여 평 되는 대지에서 농약을 치지 않고 가꾼 갖가지 채소와 그릴에 구운 돼지목살찜 등 권사님이 정성껏 준비한 저녁을 먹으며 즐겁게 보냈어요.
권사님은 우리에게 이것저것 권하며 "상추를 처음 뜯었을 때 목사님 내외분 초대하려고 했는데 코로나19 때문에 미루다가 오늘에야 만나 뵙네요."라고 말하며 조용히 미소 지었지요.
그 말을 들을 때 두 분이 자식을 먼저 하늘로 보내고 슬픔을 잘 겪어내고 있는 듯하여 한편 다행이라는 생각이 들었지만 마음

한쪽으로 동통이 일었습니다. 자식을 먼저 보낸 슬픔을 어떤 말로도 위로할 수 없는 인간의 한계에 부딪히는 순간이었어요.

송해 씨가 자식을 먼저 보내고 언젠가 방송에서 참척(慘慽)의 슬픔에 대해 말하며, "자식을 잃었다는 사실을 망각하지 않고는 단 1초도 살아갈 수가 없다"라고 한 말이 생각나는 저녁이었습니다.

우리는 식사를 마치고 잔디가 곱게 깔린 정원으로 나가 차를 마셨지요. 초록 물이 오른 소나무와 그것을 지붕 삼아 가지런히 놓여 있는 하얀 탁자와의 조화가 마치 유럽의, 한 시골 마을의 별장에 온 듯한 목가적인 분위기를 자아냈어요.

보랏빛 패랭이꽃이 바람에 하늘거리는 서쪽 하늘에, 저녁노을이 길게 누워 지붕은 물론 초록 잔디정원이 온통, 진홍빛 꽃이 만발한 듯 주홍색으로 물들어 버렸네요.

"낙원이 따로 없네요. 이곳에 있으니 저절로 힐링이 됩니다" 평화로운 주위 풍경에 취해 있던 당신이 침묵을 깨고 입을 열자 장로님 내외분이 조용히 마주 보았어요.

권사님은 그릴에 구운 고구마를 정성껏 껍질을 까 식기 전에 들어보라고 건네며, "어느 날 제가 거실에서 내다보니 장로님이 소·대한 추위가 극성을 떨던 작년 겨울에 언 땅을 마구 파고 있었어요. 꽁꽁 얼어서 삽이 튕겨져 나가는 그 땅을…"이라고 말했습니다. 그 말을 듣는 순간 '장로님은 극한의 슬픔을 그렇게 통과하고 있구나' 생각되어 가슴 한쪽에서 천둥이 치는 듯했지요.

사방으로 밀려오는 그리움을 잘 이기고 있는 권사님이 이야기를 계속하네요. "지금은 마음이 많이 아파도 잠시 후에 천국에서 만날 수 있으니까요. 신앙의 힘이라는 것이 이런 것인가 봐요"

이 말을 듣는 순간 하나님의 위로가 장로님 가정에 함께하는 것을 느낄 수 있었습니다. 하늘에서 공급되는 이 평안이 영원하기를 기도하며 별들이 밤마실을 나올 때까지 머물다, 별장처럼 아름다운 그곳을 뒤로하고 집으로 발길을 돌렸지요.

우리의 삶에는 이해할 수 없는 일이 얼마나 많은가요? 전혀 예상치 못한 회오리바람이 우리의 인생을 뒤집어 놓을 수도 있으니 말입니다. 가족의 죽음으로 인한 상실의 아픔은 인간의 언어로는 절대로 설명이 불가능하지요.

다만 인생의 주권자 되시는 하나님의 절대 권위를 인정하며 순종할 때 "죽음이 끝이 아니라 새로운 시작이다(〈요한복음〉 14장 2~3절, 〈요한계시록〉 21장)"라는 하나님의 섭리 안에 들어갈 수 있지 않을까요? 남은 가족이 지금의 아픔을 자연스레 겪어내기까지 얼마의 시간이 더 필요할까요?

상실의 여정을 걷고 있는 장로님 내외분에게 하나님이 동행해 주실 것을 믿으며, B의 죽음을 통해 장로님 가정에 복에 복이 더해질 것을 소망합니다.

나는 이 글을 쓰기 시작한 후 6년이 지나도록 글의 마무리를 하지 못한 채 고민하고 있었지요. 이유는 아들을 먼저 하늘나라로 보낸 장로님 가정의 아픈 상처를 헤집는 것은 아닐까 염려되었기 때문입니다.

그러나 지금, 같은 상실의 아픔을 견뎌내고 있는 내가, 가까스로 이제 겨우 글을 완성하여 책으로 소개합니다.

당신이라면, 그리운 이를 AI로 복원하시겠습니까?

위의 제목은 모 일간지 문화면에 게재된 것이지요.

나는 지금도 당신이 죽을 만큼 보고 싶습니다. 내 임이 이 세상 사람이 아니라는 거짓말 같은 사실이 몸서리치게 싫습니다. 그러나 결론부터 말하지요. 단언컨대 내 사랑 당신을 AI로 복원하고 싶은 생각은 추호도 없습니다. 그래서 나의 대답은 당연히 "절대 아니오"입니다.

몇 년 전 TV 모 방송에서 이제는 고인이 된 유명한 여배우의 아바타와 가수인 그의 남편이 재회해서 함께 노래를 부르고 이야기하는 것을 본 일이 있습니다.

또 고인이 된 배우 B 씨를 AI 기술인 딥페이크를 이용해 디지털 휴먼(나는 이 용어들을 전혀 모르는 상태에서 인용했음을 밝혀둔다)으로 복원해, 드라마 '전원일기' 출연진들이 촬영 당시의 이야기를 주고받는 것을 방송으로 보았지요.

가상공간에서 본 위의 두 사람은 현실과 구분이 안 될 정도로 비슷했어요. 방송을 보았을 때 과학의 힘이 대단하다는 것은 알았지만 나 개인적으로 이 부분은 '좀 더 고민해야 하지 않을까?'라는 생각이 들었습니다.

나는 이 글을 쓰기 위해 얼마 전에 일부러 '원더랜드'라는 영화를 관람했어요.

"당신이라면, 그리운 이를 AI로 복원하시겠습니까?"의 영화 내용을 소개하는 기사를 본 이후에 보았습니다.

고인을 AI로 복원해 영상통화로 다시 만나는 이야기인데, 과학기술의 힘을 빌려서라도 떠난 사람의 빈자리를 메워보려는 마음은 이해가 가지만 주인공들이 가상과 현실의 경계의 모호함에서 고민하는 모습은 안쓰럽기까지 했지요. 그리고 그들은 절대 행복해 보이지 않았습니다.

개인적인 생각인데 아무리 과학이 발달해도 죽음의 영역까지 침범해서는 안 된다고 생각합니다. 비록 가상공간이라고 해도 고인의 명예와 품위는 지켜져야만 하고, 하나님의 섭리 안에 있는 우리는, 전능하신 분의 주권을 인정해야 합니다. 그래서 고인을 AI로 복원하는 것에 절대 반대하는 것입니다.

 인공지능의 발달로 인간의 생활이 말할 수 없이 편리해진 것은 사실입니다. 인류의 삶 자체가 달라졌다고 할 수 있지요. 이렇게 발전하다가는 인간이 인공지능의 지배를 받게 되는 것은 아닐까 두렵기까지 하네요.
 얼마 전(《조선일보》 2024년 6월 26일)에 〈AI도 인간의 꿈을 꾸는가〉라는 기사에 "이제 꿈은 인간의 전유물이 아니다. 인간 수준 이상의 인공지능(AGI, 일반 인공지능)은 자아와 상식과 진실성도 있어 인간과 공존이 가능할 것이다"라고 했지요.
 그리고 "인간의 꿈은 모든 인류가 서로 평화롭고 안전하게 살아가는 것이라고 하며 꿈이 없는 사회는 죽은 사회"라고 했어요. "중요한 것은 AI의 꿈을 위해 인간이 어떤 알고리즘과 데이터를 선택해 AI가 학습하게 만드는가에 달려 있다"고 하네요.
 우리가 반드시 기억해야 할 것은 인공지능이 인류의 발전을 위해 선한 목적으로 사용되어야 한다는 것이지요.
 얼마 전 방송에서 사고로 목소리를 잃은 아버지가 가상공간에서 AI의 힘을 빌려 잃었던 목소리를 복원해 듣고, 가족은 물론 당사자도 기뻐하는 것을 보고 과학 발전의 위대함을 느낄 수 있었어요. 이것은 선순환의 작용이라고 할 수 있겠죠.

　이렇게 우리의 모든 일상에 AI의 영향을 받지 않는 것이 있을까요? 인류의 역사가 과학의 발전으로 인해 더 편리하고 좋은 방향으로 가고 있지만 나는 인공지능의 발전을 감히 현대판 바벨탑 쌓기라고 말하고 싶습니다. 하나님보다 더 높아지려는 인간의 교만을 보는 것 같아 아찔해집니다. 문명의 혜택을 받고 편안함에 길들어져 살고 있지만 두려운 것은 사실입니다.

　다시 글의 제목을 떠올립니다. "당신이라면, 그리운 이를 AI로 복원하시겠습니까?" 단연코 아닙니다. 아무리 그리워도 내 생명같이 소중한 당신을 가상공간에 세운다는 것은 말도 안 되지요.

　나의 임은 지금 천국에서 편히 안식하고 있습니다. 나는 이 사실을 믿기 때문에 나에게 닥친 상실의 슬픔을 지금 잘 통과하기 위해 애쓰고 있어요. 그래서 우리는 가까운 장래에 서로 만날 것을 믿음의 눈으로 보며 잠시의 이별을 견딜 수 있는 것이지요. 인간이 만든 가상공간이 아니라, 바로 하나님이 계신 천국에서 만날 수 있지요. 그날엔 우리 주님의 영접을 받으며 하나님 앞에 설 것입니다.

행복한 목회의
주인공이 되세요

여보!

오늘 오후에 S 교회에서 J 목사님(이하 J)의 담임 목사 취임예배가 있어 다녀왔어요. J는 당신을 도와 서문교회에서 부교역자로 사역할 때 교인들을 열심히 돌보며 사역했지요. 그러다 서울에 있는 B 교회에서 10년간 담임 목사로 시무하다 다시 청주로 오게 되었어요.

취임예배를 드리는 동안 지방회에 소속된 많은 목사님을 볼 수 있었는데 한눈에 봐도 인자한 인상이 푸근함을 안겨주었지요. 왜 안 그렇겠어요. 평생 목회하며 교인들의 신앙을 지도했으니 당연한 모습이지요.

　그런 목사님들이 오늘 담임 목사로 취임하는 J를 위해 사회를 보고 기도하며 설교와 권면과 축사를 통해, 진심으로 축하하는 모습이 마치 천사들의 합창 같아 보였어요. S 교회 성도 중에는 눈물을 흘리며 축하하는 사람도 있네요. 한 시간 동안 진행된 예배가 말 그대로 축제였습니다.

　J가 눈물 훔치는 모습을 보며 마음이 깨끗한 사람이라고 직감적으로 느껴졌어요. 지금 이 순간이 개인적으로는 영광의 순간이기도 하지만 사명을 감당하기 위해 얼마나 마음에 부담이 될까요?

　앞으로 목양하기 위해 많은 시간 무릎 꿇고 하나님께 길을 물으며 순종해야만 하는데, 오늘만이라도 마음 놓고 기뻐하기 바랍니다. 영적인 안테나를 하나님께 맞추고 늘 긴장하며 목회할 것을 생각하면 한편으로 안타까운 마음도 드네요. 그렇지만 그의 눈물이 이미 다 말해주었어요. 하나님께서 보내셨으니 잘할 수 있겠다는 확신이 들어요.

　취임예배를 드리며 순간 당신의 모습이 떠올랐어요. 어느 목회자나 교회에 부임하고 나서 한동안 교인들 파악하느라 얼마 동안 더 긴장하게 되지요. 누구보다 담대했던 당신도 그랬어요. 부임한 지 얼마 되지 않았을 때 큰딸을 승용차로 학교에 데려다준

적이 있지요. 청주로 전학 오고 바로 통학 차량을 구하지 못해 며칠 동안 차로 태워다 주었어요.

그날도 큰애가 당연히 뒷좌석에 올라탄 줄 알고 학교를 향해 전진했지요. 그러나 웬걸, 아이는 떠나는 차를 보고 발을 동동 구르며 안타까워하는데, 옆 차선으로 가던 화물차가 그 모습을 보고 계속 경적을 울려, 당신이 돌아보고 되돌아와 큰애를 태우고 학교로 향했지요.

저녁에 집에서 그 말을 들은 나는, 전후 사정을 들어보지도 않고 노발대발하며 화부터 냈어요. 며칠 후에 당신은 그날 긴급한 심방이 잡혀 있어 초긴장 상태였다고 했지요. 지금도 목회자들은 누구나 다 이렇게 긴장하며 목회하고 있어요. 주님이 맡겨주신 양을 돌보기 위해서···.

강단을 보니 아름다운 그의 아내는 연분홍색 한복을 곱게 차려 입었네요. 본래 단아한 모습으로 아무 옷이나 걸쳐도 옷태가 고왔는데 오늘은 교회가 다 환하네요.

그녀를 보니 30여 년 전, 당신이 서문교회에 부임해 취임식 할 때 내가 입었던 옷이 떠오르네요. 남자들의 양복은 색상이 단순해 새 옷을 입어도 구분이 잘되지 않지만 여자들의 옷은 색상이 다양해 눈에 띄지요.

나는 그때 코발트빛 니트 쓰리피스를 입었어요. 내가 그 옷을 좋아하는 이유는 그 당시에 옷을 선물한 권사님의 마음이 특별해서입니다.

　백화점에서 여성복 판매를 하는 P 권사님은 담임 목사의 취임식에 "사모님이 그 누구보다 돋보이길 바라는 마음으로 옷을 선물하는데, 이 옷을 입으면 우리 교회강단과 멋진 조화를 이룰 것 같다"라고 했어요.

　그 후에도 권사님은 계속 우리에게 감동을 주었어요. 많은 고객이 매장에 와서 그 옷을 원해도 "우리 사모님이 먼저 입었기 때문에 다른 사람에게 판매할 수 없다"라고 했다지요.

　하나님은 당신에게 이렇게 좋은 교회와 마음이 따뜻한 성도들을 만나게 하셨어요. 지금까지 사역했던 모든 교회가 다 행복했지만 서문교회에서 보낸 9,000날은 참 아름다웠습니다. 평생 했던 목회의 마무리를 이곳에서 했으니까요.

　J 내외도 아주 많은 세월이 흐른 뒤 되돌아볼 때 눈시울이 붉어지는 추억이 많기를 바라고 있어요. 당신이 자식처럼 아꼈던 J 내외에게 다가가서 축하하니 제일 먼저 하는 말이 "이런 날 박 목사님이 계셨더라면 얼마나 좋아하셨을까요? 너무 안타까워요"라고 말하며 눈시울이 붉어지네요.

　당신은 늘 목회가 행복하다고 했지요. J도 그러기를 바랍니다. 목회하는 동안 취임예배 때 다짐했던 마음으로 초지일관하기를 바라며 함께 카메라 앞에서 포즈를 취합니다. 사진 속에 J와 우리 모두의 행복이 넘치네요.

사명! 그리고 소명!
위대한 그 이름, 목사!

사랑하는 나의 임이여!

당신이 목회할 때 한평생 옆에서 지켜보며 느낀 것은 '이 길은 사명이 아니면 절대 갈 수 없는 길'이라고 생각했습니다. 24시간 영적인 비상사태로 긴장을 늦출 수 없기 때문이지요. 거기다 위급한 환자라도 생기면 교회 전체가 곧바로 기도에 돌입하게 되지요. 이 모든 일을 진두지휘하는 것은 담임 목사의 몫이고요.

목사는 힘이 들어도 맡겨진 양들을 위해 하나님께서 부여한 소명을 감당해야 하지요. 그것이 하나님이 목사에게 주신 사명이니까요.

이런 목회자의 힘든 사정을 누구보다 잘 아는 내가, 목회자를 좀 쉴 수 있도록 해야 하는데, 당신이 중환자실에 입원했을 때 너무 다급한 나머지 박명룡 담임 목사님(이하 P)에게 시도 때도 없이 전화를 걸어 기도를 부탁하며 참 많이 귀찮게 했습니다.

당신은 중환자실에 가기 전까지도 담임 목사가 걱정한다고 하며 교회에 연락하지 말라고 했지요.

P는 교회 중보 팀의 단체 카톡방과 청주지방회 단체 카톡방에도 중보기도 요청을 해 교인들은 물론 지방회에 소속된 목회자들이 기도로 마음을 모았지요.

당신이 중환자실에 입원했을 때 병원에서는 코로나19의 감염을 막기 위해 면회는 일주일에 두 번, 그것도 직계가족 2명만 가능해 외부인들은 병실에 전혀 들어갈 수 없었어요.

그때 P의 아내인 김경원 사모님(이하 K)이 빵을 가지고 와 중환자실 간호사들에게 나눠주며 "우리 원로 목사님 잘 부탁한다"라고 했다지요. P는 병실에 들어가지도 못하는 문전박대(?)를 받으면서도 중환자실 문 앞에서 원로 목사님의 회복을 위해 기도했다고 합니다.

나는 이 소식을 모 권사님으로부터 전해 듣고 가슴이 뭉클했었는데, 부모님께 하듯이 원로 목사를 위해 정성을 쏟는 마음이 너무 감사했기 때문입니다.

고마운 마음과 함께 P에게 지금도 미안한 것은, 당신의 천국 환송 예배 드리는 날이 공교롭게도 P가, 서울신학대학교 신학대학원 동문회 회장에 취임하는 날이었어요. 그날 내가 빈소에서 "동문회 행사에 참석하지 못해 어떡하지요?"라고 하자 P는 "지금 원로 목사님의 일보다 더 중요하고 큰일은 없어요. 제 염려 마시고 사모님의 건강 돌보시기 바랍니다"라고 했지요. 그 말속에는 목회자이기 이전에 한 사람의 인간적인 사랑이 내포되어 있었어요.

글을 쓰면서 6년 전 일이 떠오르네요. P가 서문교회에 부임하고 이듬해(2018년) 봄에 강원도 설악산에서 청주지방회 교역자 수련회를 했었지요. 당신도 물론 참석했고요.

P의 섬김을 보고 있던 지방회 모 목사님이 서문교회는 "원로 목사와 담임 목사의 사이가 너무 좋아 참 아름다워 보인다"라고 했다지요? 당신은 이 말을 나에게 전하며 무척 흐뭇해했어요.

그러고 보니 K에 대한 기억도 새록새록 피어나네요. P가 우리 교회에 부임하던 해 겨울, 내 생일이었지요. 신·구 목회자 아내가 우리 집 근처 양식집에서 만나 같은 목회자 아내로 이런저런 얘기를 나누었는데, 나를 위해 식사 장소를 양식집으로 정했다는 그녀의 배려가 고맙게 느껴졌어요.

나에게 선물할 꽃다발을 안고 있는 그녀의 모습이 꽃보다 더 아름다웠지만 마음 한편으로 안타까웠어요. 이유는 사모의 길이 결코 쉽지 않기 때문이지요.

 K와 헤어져 그녀가 건넨 꽃다발을 가슴에 안고 집으로 오는 길이 손난로를 품은 것처럼 포근했던 것은 그녀의 따뜻한 마음이 내게도 고스란히 전해졌기 때문입니다.

 사랑하는 나의 임이 은퇴하고 난 후에도, 서문교회와 P의 목회를 위해 간절히 기도하던 모습이 떠오르네요.

 아름다운 추억을 들추다 보니 마음에 잔잔한 행복감이 몰려와요. '같은 길을 걸어가는 동행'이라서 더 그런가 봐요. 지금보다 아주 많이 세월이 흐른 뒤에 P는 우리보다 더 아름다운 이야기보따리를 풀어놓을 것 같습니다.

 이처럼 '귀한 사람들', '귀한 만남'이야말로 교회는 물론 한 걸음 더 나아가 세상을 아름답게 만드는 원동력이지요.

 이제 P가 서문교회를 당신보다 더 알차게 가꾸어 가기를 바랍니다.

 글의 제목처럼 사명이 아니면 갈 수 없는 이 길을 P도, 당신처럼 잘 달려가기를 소망하며, 어느 날 '사명 그리고 소명, 위대한 그 이름 목사!'의 길을 잘 완주하는 사랑의 사도가 되기를 기도합니다.

잘 계시나요

초판 1쇄 발행 2024. 11. 18.

지은이 전희훈
펴낸이 김병호
펴낸곳 주식회사 바른북스

편집진행 김재영
디자인 김민지

등록 2019년 4월 3일 제2019-000040호
주소 서울시 성동구 연무장5길 9-16, 301호 (성수동2가, 블루스톤타워)
대표전화 070-7857-9719 | **경영지원** 02-3409-9719 | **팩스** 070-7610-9820

•바른북스는 여러분의 다양한 아이디어와 원고 투고를 설레는 마음으로 기다리고 있습니다.

이메일 barunbooks21@naver.com | **원고투고** barunbooks21@naver.com
홈페이지 www.barunbooks.com | **공식 블로그** blog.naver.com/barunbooks7
공식 포스트 post.naver.com/barunbooks7 | **페이스북** facebook.com/barunbooks7

ⓒ 전희훈, 2024
ISBN 979-11-7263-836-8 03810

•파본이나 잘못된 책은 구입하신 곳에서 교환해드립니다.
•이 책은 저작권법에 따라 보호를 받는 저작물이므로 무단전재 및 복제를 금지하며,
이 책 내용의 전부 및 일부를 이용하려면 반드시 저작권자와 도서출판 바른북스의 서면동의를 받아야 합니다.